AF474431

Le Fakirisme Hindou
et
les Yogas

24730

Ouvrages du même Auteur

LES MIROIRS MAGIQUES, *théories, constructions, entraînements*, 3e éd., br. in-18.................... 1 50

LES INCANTATIONS : *le Verbe, le son et la lumière astrale, expériences, théories de l'Inde et de Bœhme ;* frontispice et nombr. figures, vol. in-16. (Epuisé).

ELÉMENTS D'HÉBREU, *d'après la méthode de Favre d'Olivet*, br. in-18. (Epuisé.)

LA CRÉATION, *théories ésotériques*, brochure in-8°. (Epuisé).

LES PLANTES MAGIQUES : *Le règne végétal, botanique occulte, signatures, correspondances, préparations, recettes*, 2e éd., vol. in-18.............. 1 »

LA VIE DU BIENHEUREUX JACOB BŒHME, *avec une bibliographie, et un vocabulaire explicatif*, portrait inédit, br. in-18, 2e éd.............................. 1 »

LE CANTIQUE DES CANTIQUES, *commentaire sur son 6e sens ;* br. in-8°, non mis dans le commerce, 300 ex., signés.............................. 2 50

LES TEMPÉRAMENTS ET LA CULTURE PSYCHIQUE, *d'après Jacob Bœhme ; données de mysticisme pratique*, 2e éd. Complètement refondue, br. in-8°........ 1 »

LETTRES MAGIQUES, *roman d'initiations orientales*, vol, n-16 carré.............................. 1 50

INITIATIONS : *Trois contes pour les Petits Enfants. La Rencontre, la Tentation, l'Adepte*, vol. in-12. 2 »

CONFÉRENCES SUR L'EVANGILE. Vol. I. *De la Naissance à la Vie publique de N. S. J. C.*, vol. in-8°, de luxe. ... 3 »

— : Vol. II. *La Vie publique de N. S. J. C.*, vol. in-8° de luxe.............................. 4 »

— : Vol. III et dernier. *La Vie publique de N. S. J. C.*, in-8 de luxe, 350 p. .... 7 »

LES RÊVES : *Théories, Méthodes, Entraînements, Interprétations*, br. in-18 .... 1 50

LA MÉDECINE OCCULTE ; *revue de toutes les thérapeutiques : alchimique, magique, magnétique, astrale, volontaire, religieuse, théurgique*, v. in-18. 2 »

LE DEVOIR SPIRITUALISTE ; *l'Idéal, sa conception, sa réalisation*, vol. in-18 .... 2 »

HISTOIRE DES ROSE-CROIX : *leurs légendes, leurs adversaires, leurs plagiaires, leurs statuts*, vol. in-16 .... 4 »

BRÉVIAIRE MYSTIQUE : *Règles de conduite, formules d'oraison, thèmes de méditation*, vol. in-8°, de luxe, pap. vergé, lettres ornées, reliure parcheminée .... 10 »

TRADUCTIONS :

Le Messager céleste de la Paix universelle, de l'anglais de JEANNE LEADE, br. in-18, avec pentacle astrologique. (Epuisé.)

Vos Forces, 1e, 2e et 3e séries, de l'anglais de PRENTICE MULFORD, avec portrait, 3 vol. in-8° .... 3 »

Iatrochimie et Electro-homéopathie, de l'allemand de SATURNUS, avec une planche hors texte, br. in-18 .... 2 50

Theosophia practica, de l'allemand de J.-G. GICHTEL, vol. in-8°, de luxe, avec 6 pl. hors texte en couleurs .... 7 »

L'Esprit de la Prière, de l'anglais de W. LAW, br. in-8°, de la « Collection d'auteurs mystiques »... 1.50

Vie et Pensées de GICHTEL ; de l'allemand, br. in-8° de la même collection 1 50

Le Gui, sa légende, sa philosophie, trad. de l'anglais de P. DAVIDSON, in-16. Carré. Edition du « Voile d'Isis ». (Epuisé.)

De Signatura rerum, de JACOB BŒHME, avec notes, tables, suppléments et glossaire, vol. in-8°, de la collection des « Classiques de l'Occulte » 7 50

PREFACES A :

J.-L. SAWYER. — *Le Livre des Augures*, vol. in-18.. 1 »

JOLLIVET-CASTELOT. — *L'Hylozoïsme*, br. in-18......... 2 »

R. SALZMANN. — *Correspondance inédite.* (Etude et définition du mysticisme, son état au commencement du XIXe siècle) br. in-8°, de la « Collection d'auteurs mystiques. »............................. 1 50

IS. LORIAH. — *Traité des Révolutions des Ames.* 1re trad. française par EDGAR JÉGUT, vol. in-8° carré de 400 pages............................. 8 »

L.-C. DE SAINT-MARTIN. — *Les Nombres*, œuvres posthume. Réédition du « Voile d'Isis », vol. in-16 carré, avec portrait inédit et figure.............. 5 »

FABRE D'OLIVET. — *Histoire philosophique du Genre humain*, 3e éd., conforme à l'édition originale, 2 vol. in-8°, de la Collection des « Classiques de l'Occulte. » *Etude bio-bibliographique*............ 20 »

SÉDIR

Le Fakirisme Hindou et les Yogas

Thaumaturgie populaire
Constitution de l'homme invisible selon le brahmanisme
La force magnétique et la force mentale
Entraînements occultes
Leurs buts et leurs dangers

2e Edition
CONSIDÉRABLEMENT AUGMENTÉE

PARIS
Librairie Générale des Sciences Occultes
BIBLIOTHÈQUE CHACORNAC
11, QUAI SAINT-MICHEL, 11
1911

AVANT-PROPOS

Je ne prétendrai pas épuiser en quelques pages un sujet aussi vaste : donner les grandes lignes théoriques, dessiner les principaux traits des observances, jeter un coup d'œil d'ensemble sur les réservoirs inconnus d'où viennent les forces mises en jeu, mettre à leur place les principes spirituels d'où découle le système tout entier, tels sont les buts que je me propose. Mes références seront le moins possible empruntées aux livres; ayant été renseigné sur l'occultisme oriental par des voyageurs et des initiés de ces pays, je ferai de mon mieux pour reproduire les rapports des uns, dans leur exactitude matérielle, et pour éclairer les paroles des autres à la Lumière surnaturelle de cet Ischouara que nous appelons le Christ Jésus.

LE FAKIRISME INDOU & LES YOGAS

LE FAKIR

Au point de vue brahmanique le mot fakir est antitraditionnel parce qu'il est arabe et qu'il désigne une classe sociale qui n'a pris naissance que dans le démembrement de l'antique empire de Bharat. Il y a cinquante siècles environ, quand apparut Krishna le berger, l'Inde avait déjà senti craquer ses fondations sociales. Les Mongols, les Arabes et les Anglais ont consommé son écroulement depuis une dizaine de siècles; toutes les castes, les hiérarchies, les fonctions ont été mêlées : de sortie que l'Eglise secrète du Brahmanisme, l'insaisissable *Agartthâ*, conserve seule les plans de la société primitive.

Le fakir est donc, dans la hiérarchie religieuse, un organe hybride qui n'est ni prêtre, ni laïque, ni clerc. Il est dévoué, anonyme, de cerveau peu cultivé, mais ferme à son poste comme un roc. Il sert aux missions secrètes; son initiateur est son dieu; il lui obéit sans discuter; il agit comme une force de la Nature : il en est qui manient le poignard ou versent le poison, avec la même impassibilité qu'ils ourdiraient une intrigue ou qu'ils guériraient le malade sur lequel il leur est ordonné d'imposer lees mains. L'Oriental est entier dans sa foi quand il l'a donnée; il ignore le compromis, le besoin de gloire, le goût du succès immédiat. Il y a tel plan qui, dans la diplomatie politico-religieuse des Brahmes ou des Lamas, est poursuivi depuis quatre siècles : les pontifes meurent, les peuples changent : mais la pensée primitive demeure. Quelle leçon pour notre versatilité occidentale, pour nos réclames et nos agitations publiques!

Le fakir, comme un frère lai attaché volontairement au service d'un temple, subit un noviciat, au bout duquel, sûrs de lui, ses chefs l'envoient en mission ou gardent son contact pour avoir toujours sous la main un homme à eux. Il est dans le même état d'esprit que le Jésuite sincère qui a suivi jusqu'au bout la série des *Exercices Spirituels;* il a en plus que le Jésuite une organisation nerveuse affinée par l'atavisme de plusieurs siècles de culture psychique; il a contre lui le désavantage moral provenant du gâchis spirituel où ses maîtres se trouvent embourbés depuis la corruption du Brahmanisme. Il est vrai que le prêtre occidental n'est en général guère mieux informé sur les mystères de sa fonction.

Nous reprendrons ceci pour en faire la conclusion de notre étude. Pour le moment, nous ne nous occuperons que du côté prestigieux du fakirisme, des entraînements nécessaires et des mouvements produits par eux dans l'atmosphère seconde de notre planète. Les récits de Jacolliot, de Turner et d'une foule d'autres voyageurs, nous ont fait connaître les phénomènes du fakirisme dont on trouvera d'ailleurs un excellent résumé dans une petite brochure publiée par Ch. Godard dans la collection Bloud et Barral. Nous en donnerons la théorie d'après les doctrines orientales, après avoir expliqué la constitution de l'homme et décrit le régime connu sous le nom de *Yoga* ou Union, mais dans sa partie physique seulement. Nous le répétons, tout ce système, est, quoique simple dans sa théorie, extrêmement compliqué dans les détails. A chaque néophyte, une adaptation spéciale est nécessaire; nous ne donnerons que l'alphabet, pour ainsi dire, de cette langue mystique dans laquelle l'Hindou parle à l'Invisible et en reçoit les enseignements. La Yoga est, pour le brahmanisme, la base de toute pratique occulte, la clef de la *Goupta-Vidya* ou science secrète; mais c'est une clef qui ouvre à gauche ou à droite; malheur à celui qui tourne à gauche : des siècles d'expiation l'attendent. Ces pratiques,d'ailleurs, sont faites pour les Orientaux : il faut une énergie vitale très grande à la fois et très plastique, une intelligence subtile, un calme de moine, une patience inlassable, le soin minutieux des détails et une constance aussi sereine qu'inébranlable. Aussi, à peine en un siècle, rencontre-t-on deux ou trois Européens initiés pratiquement à la science secrète de l'Inde; ce serait folie que de s'engager dans cette voie, sur les trop brèves indications contenues dans ces pages.

Il et peu probable qu'aucun de nos lecteurs ait le temps et les conditions requises pour ces travaux; nous ne le souhaitons pas, d'ailleurs. Mais continuons notre exposé.

Il faut avant tout faire une remarque générale qui s'applique à tout le système brahmanique. Voici ce que nous recommandons à l'attention de nos lecteurs.

Une Initiation est un ensemble d'actes qui ont pour but et pour effet de mettre l'homme en relation avec un aspect encore inconnu du monde, ou de lui faire ouvrir les portes d'un plan nouveau, d'un appartement encore fermé pour lui. Les plans qui nous sont de la sorte accessibles sont :

Le plan naturel subdivisé en plan invisible et plan physique.

Le plan physique est celui où nous vivons actuellement, avec notre terre et tout l'univers physique.

Le plan divin est celui de l'Absolu et de ses rayons directs.

Le plan invisible embrasse tout ce qui se trouve entre les deux précédents.

Chacun de ces trois plans se retrouve dans chacune des créatures qui peuplent l'Univers : de même que dans notre poitrine et dans notre abdomen il y a des nerfs représentant le cerveau; — sur notre terre, il y a des forces venues directement de l'absolu, il y en a d'autres venues du monde invisible. L'homme à son tour, possède en lui des foyers de forces venant de ces trois plans : par exemple son *âme* vient du plan divin; sa *mentalité*, son esprit viennent de telle ou partie du plan invisible; son *corps* vient du plan physique. Chacun de ses organismes ne peut s'élever, dans l'évolution, au-dessus de la mère d'où il est sorti.

Le corps ne peut pas passer dans l'invisible, ni dans le Divin; l'esprit ne peut pas vivre directement dans le physique, et ainsi de suite. De sorte que les pratiques de l'Initiation, appliqués à l'un de ces trois plans dans l'homme, ne peuvent que perfectionner ce plan : en d'autres termes, la mise en jeu des muscles développe le corps; la mise en jeu des forces magnétiques développe le corps magnétique; le travail de la pensée développe le corps mental.

Résumons-nous :

	DANS L'UNIVERS	DANS L'HOMME
l'Absolu	le plan divin	l'Ame
l'Invisible	les plans astraux	l'Esprit, avec le mental et l'astral
le Physique	notre monde	le Corps matériel

L'étude de l'Initiation hindoue permet d'affirmer qu'elle ne dépasse plus, tout au moins depuis

Krishna, les sommets du plan astral, et encore seulement dans notre système solaire.

Il faudrait un volume pour expliquer la raison de ceci; qu'il nous suffise de savoir que les écoles orientales sont limitées dans leurs possibilités par la zone qui sépare la Nature temporelle et la Nature éternelle.

Or, notre terre possède également ses trois plans : son plan invisible ou astral contient les fluides d'où découlent les forces physico-chimiques, électriques et magnétiques; son plan divin est habité par les messagers directs du Verbe. Il suit de là que si les entraînements du fakirisme s'adressent à l'organisme éthéré de l'homme, ils le mettront en relations avec les forces électro-telluriques et lui donneront sur elles, mais sur elles seules, une certaine maîtrise.

CONSTITUTION DE L'HOMME

La philosophie hindoue fourmille de systèmes psychologiques et physiologiques; le malheureux orientaliste s'y perd, malgré toute sa patience; pour ne pas faire comme lui, il nous faudra tout d'abord nous réduire au strict nécessaire et ensuite rechercher, parmi les théories, les plus anciennes : nous courrons ainsi la chance de rencontrer les plus vraies.

Il nous faut donc dire en peu de mots comment le *Yogi* pense que l'homme, et surtout l'homme invisible, est constitué, pour que nous puissions sentir la justesse de ses entraînements. Posons tout d'abord ce principe, universel en Orientalisme, que l'homme est une parcelle du tout; que tout ce qui se trouve dans la nature se trouvera en lui; enfin qu'il reçoit d'elle toutes ses forces et qu'il les lui rend, chacune à son heure.

Pour l'hindou, le *Veda* est la source de toute science; il peut être interprété de six façons différentes (*Shad Darshâni*) qu'il est inutile de détailler ici; nous choisirons pour nos éclaircissements le védantisme, celui des six systèmes de philosophie hindoue (*Darshanas*) qui est considéré comme supérieur.

Il enseigne un monisme plus vaste et plus profond que celui qui est en honneur en Europe. C'est Sri Srimat Sankaratcharya, lequel passe parmi ses disciples pour une réincarnation de Bouddha, qui déduisit ce système (VIIe s.) des écrits d'un *Rishi* (patriarche) védique nommé Vyasa. Il comporte actuellement trois grandes divisions :

1° Le système *Adwaïti* (non dualiste) selon lequel *Brahman* ou *Pourousha* (l'esprit universel) agit à travers la Nature (*Prakriti*) et en qui toutes choses se produisent, en temps et lieu, par le fait de l'énergie inhérente à cette matière primordiale. *Brahman* est le principe incompréhensible, l'essence, l'un, et dans le monde et dans l'homme.

2° Le système *Vishtadwaïti* fait intervenir une entité consciente, *Vishnou*, première incarnation de l'Absolu (*Parabrahm*); par suite, il faut que l'homme, pour obtenir son salut, non seulement s'unisse à cet Absolu (par la *Yoga*) mais qu'il se fasse aider par la dévotion à *Vishnou* (Bhâkti).

3° Le système *Dwaïti* (dualiste) appuie plus fortement sur l'idée de dualité, il rend indispensable les observances cultuelles.

Nous nous attacherons à décrire le premier de ces systèmes qui a la réputation la mieux établie.

Atma ou *Brahm* est l'unique réalité. Il s'enveloppe de l'illusion (*Maya*) ou Ignorance (*Avidya*), ou *Mulaprakriti* (Nature radicale). La nature naturée (*Prakriti*) est un aspect de cette première.

Le *Pourousha* universel (l'Esprit) ne se manifeste qu'avec le concours de la Nature (*Prakriti*) qu'il féconde éternellement. Cette Nature, dès qu'elle vibre, le fait suivant trois modes (*Gounas*) que décrit la *Bhagavat Gitâ* (XIV, 6) et qui sont :

Sattwa : l'harmonie, ou blancheur.

Rajas : le rayonnement, ou passion.

Tamas : l'immobilité, ou ténèbre.

L'Esprit, qui s'est volontairement enfermé dans la Nature-mère, en subit les modes.

Le premier est la lumière (*Lagou*) opposée à l'inertie, l'illumination, la manifestation (*prakasaka*).

Le second cause l'attraction (*oupastambhaka*) et le mouvement (*tchala*).

Le troisième est inerte (*gourou*), obscurant (*varanaka*), et produit la pesanteur. — Ils agissent jusque sur la matière terrestre; ainsi le deuxième agissant sur le premier, devient une force désintégrante, produit la phosphorescence, la transparence, la chaleur. Les mouvements de ce second mode sont horizontaux.

L'Esprit agissant selon	le 2e mode	devient	Brahma, *Antroudha*, le créateur, A.
	le 1er —		*Vishnou*. *Pradyoumna*, le Conservateur, U.
	le 3e —		*Roudra*, *Sankarshana*, le Destructeur, M.

Les quatre conditions de la vie universelle sont donc :

Dans l'homme	Dans le Cosmos	Symbole
la veille (*Djagrat*)	*Taijasa*, l'astral	A
le rêve (*Souapna*)	*Visva*, le physique	U
le sommeil (*Soushoupti*)	*Pradjna*, l'empyrée	M
Tourya (l'extase)	*Atma*, l'absolu	ôm

Les trois premières conditions sont la Nature manifestée (*Vyakta*), la quatrième est innommable, mais sa limite et la Nature essence (*Moulaprakriti*), non différenciée (*Avyakta*).

Il y a donc trois éternels :

Cette Nature; l'âme universelle (*Pouroushottoma*) et l'âme individuelle (*Pourousha*) :

Le *Pourousha* humain est aussi *Atma;* il rayonne deux réfractions. C'est pourquoi l'homme est dit posséder trois âmes :

L'inférieure (*Jivatma*);

La supérieure (*Pratyagatma*).

La suprême (*Paramatma*).

Par la pratique de la religion extérieure (*Karma*), la première va au Paradis et renaît sur terre dans de bonnes conditions.

Par la pratique des incantations, elle atteint le lieu d'où on ne renaît pas.

Par la gnose (*Gnâna*), elle s'unifie à l'absolu (*Brahman*) même sur cette terre; car la volonté (*Buddhi*) est l'aiguille et *Brahman* l'aimant; la deuxième et la troisième âmes se confondent, lorsque la volonté, qui est à la fois l'instrument de l'absolu et l'ouvrier ici-bas, se débarrasse de l'idée de limitation et de l'ignorance.

Par l'union (*Yoga*), on apprend que la troisième âme, qui est la vie, existant par elle-même, cause de tout le reste, est au-dessus de la mort.

Les deux autres âmes expérimentent les conséquences (*Karma*) d'existences antérieures.

Il y a en l'homme 27 éléments (*tattvas*) :

5 organes des sens (*Gnanendryas*).

5 organes d'action (*Karmendryas*).

5 souffles vitaux (*Prânas*).

5 essences invisibles (*Tanmâtras*).

4 organes internes (mentaux) (*Antahkaranas*) (1)

---

(1) Ce sont : *Manas :* qui doute, examine, suppose, compare.
Bouddhi : qui juge et détermine.
Ahankara : qui donne la notion d'égoïsme : quand *je* vois, j'ai conscience de voir.
Tchitta : qui concentre l'entendement sur lui-même.

qui enregistrent les impressions sensorielles et rendent consciente la notion du Moi.

3 âmes ou mois.

La seconde âme se trouve aussi chez les animaux; l'homme seul possède la troisième. Par l'union (*Yoga*), la première âme peut voir la seconde, comme son seigneur, comme une étoile, l'éclair ou le soleil, siégeant d'ordinaire dans le cœur, pure et immortelle, mais elle est la fille de la troisième. Lorsque la première âme connaît la troisième, l'homme abandonne mérites et demérites et atteint la suprême identité.

Il faut pour cela que les 26 premiers éléments soient immergés dans le vingt-septième, âme suprême ou *Paramatma*.

A l'état de veille, l'âme inférieure (*Djiva*) est localisée dans l'œil droit; dans le rêve, elle est dans le cerveau, ou au bas du gosier; dans le sommeil profond, elle est dans le cœur.

L'âme supérieure l'accompagne partout, et réciproquement ; elle n'est cependant pas affectée par la loi de causalité (*Karma*).

L'âme inférieure, étant unie à la nature (*Prakriti*) ou aux 24 premiers éléments, est périssable comme eux.

C'est l'âme suprême qui choisit le moment et qui donne aux inférieures les moyens de s'unir à elle soit par le raisonnement védique (*vaidika sankya*) soit par l'union (*Yoga*); elle est aperçue alors par le contemplatif, successivement sous la forme de fumée, du soleil, du feu, du vent, d'étincelles, d'éclairs, de cristal et de la lune.

La première âme n'est pas liée au corps physique; ce sont les quatre organes internes qui le sont, et qui lui transmettent leurs perceptions; *Djiva* et *Pratyagatma* résident dans les centres fluidiques localisés dans les plexus sympathiques; *Paramatma* (qui est *Brahm* en l'homme), représente seul le moi complet; les deux autres n'en sont que des aspects.

Voici le tableau de la constitution de l'homme d'après le Védantisme exotérique :

ENVELOPPES ILLUSIONS	CORPS	ETATS	UNIVERS	
1. de nourriture	physique. 1	Veille	*Viradj*	A
2. de vitalité 3. mentale 4. de conscience	astral. 2	rêve	*Hiranyagarbha*	U
5. de béatitude	causal. 3	sommeil	*Pradjna*	M
6. Atma	L'âme. 4	extase	*Brahma*	.

La première enveloppe (*Annamaya Kosha*), comprend ce qui vient de la nourriture, ce qui croît, pour retourner finalement à la terre.

La seconde (*Pranamayakosha*) comprend les cinq souffles vitaux (*Pranas*) et les cinq organes d'action (*Karmendryas*).

La troisième (*Manomayakosha*) comprend les sens (*Djanendryas*), vivifiés par le *manas*.

La quatrième (*Vidjnyana maya Kosha*), résulte de la combinaison de ces cinq sens et de la volonté (*Bouddhi*), qui connaît les qualités des choses.

La cinquième (*Ananda maya Kosha*) est ce qui s'ignore dans l'amour, dans la joie, etc.; cette ignorance (*Avidya*) est le séjour de *Jivatma*, lequel est la réflexion de l'âme suprême.

Le premier des corps (*Dehas*), *Stoula* (grossier), est le corps physique. Il est composé de sept substances (*Dhatous*), qui sont : la peau (*Twak*), la chair (*Mamsa*), le sang (*Roudhira*), le chyle (*Snayou*), la matière grise (*medas*), la graisse (*maidja*), et les os (*asti*); il est sujet au changement perpétuel (*vikaram*).

Le deuxième (*Soukshma*, ou *Linga*), le corps fluidique, comprend les organes d'action, les sens, les cinq souffles vitaux, le mental et la volonté, l'intelligence et le moi, c'est-à-dire 19 éléments (*Tattouas*).

Le troisième (*Karana*), corps causal, est l'ignorance primitive, ou l'inconscient, cause et moteur des deux autres; ni réel, ni illusoire, ni un, ni multiple.

Le mode du premier corps est la veille (*Djagrat*); celui du second est *Souapna*, le rêve; celui du troisième est le sommeil profond (*Soushoupti*).

Ces trois modes sont produits par les forces centripète et centrifuge (respectivement, *Avarana Sakti* et *Vikhsepa Sakti*); la première distingue l'âme inférieure de la suprême, et identifie la monade (*Djiva*) avec les corps; la seconde synthétise et fait rentrer *Djiva* dans *Atma*.

Les trois corps de l'homme sont muables, ignorants et soumis à la douleur; l'âme suprême (*atma*), leur témoin est (*Sat*), connaît (*tchit*) et jouit (*ananda*). D'autre part, le corps physique est palpable, le corps causal est, par définition imperceptible; mais le corps fluidique, que beaucoup connaissent, est difficile à saisir; c'est lui qui ressent le plaisir et la douleur; c'est lui qui peut atteindre les cinq espèces de délivrance (*Moksha*) :

1° Tendre vers l'Inconnu sans le voir (*Salokya*).

2° Approcher l'Inconnu (*Samipya*).

3° En revêtir la forme (*Saroupya*).

4° S'assimiler à lui (*Sayoudjia*).

5° L'atteindre et l'expérimenter (*Sarshintoua*).

Ce corps astral détermine l'existence du corps causal ; sa destruction coïncide avec l'acquisition de la béatitude ; selon les écoles on le décompose en 36, 96, 24, 17 ou 6 éléments (*Tattouas*); mais ceux qui savent (*les Gnânis*) le disent irréel. En voici la composition la plus généralement admise :

Sens (*Indrijam*)	Dieux (*Devas*)	Objet	Eléments (*Tattouas*)
Ouïe (*Srota*)	Dik (Espace)	Son (*Sabda*)	Ether (*Akas*)
Tact (*Touak*)	Vayou (Vents)	Volume (*Sparsa*)	Air (*Vayou*)
Vue (*Taidjas*)	Sourya (Soleil)	Forme (*Roupa*)	Feu (*Tedjas*)
Goût (*Djiwa*)	Varouna (Cieux)	Saveur (*Rasana*)	Eau (*Djala*)
Odorat (*Grana*)	Aswins (Aurore)	Odeur (*Goundha*)	Terre (*Prithwi*)
Parole (*Vak*)	Agni (Feu)	Parole (*Vatchana*)	Ether
mains (*Pani*)	Indra (Conducteur)	Acte (*Danam*)	Air
jambes (*Pada*)	Oupendra (Est)	Marche (*Gamana*)	Feu
excrétion (*Payva*)	Mritiou (Mort)	(*Visardjana*)	Eau
génération (*Oupastha*)	Brahma (Créateur)	(*Ananda*) Bonheur	Terre
les cinq souffles vitaux (*Vayous*)	*Vayou* (Vents)	Vie (*Prâna*)	(les 5 éléments)
mental (*Manas*)	*Tchandra* (Lune)	Intention (*Sankalpa*)	Ether
volonté (*Bouddhi*)	*Brihaspati* (Initiateur)	Détermination (*Nischaya*)	Air
Conscience (*Tchitta*)	*Kshetragna* (Ego)	Pensée (*Tchinta*)	Eau
égoïsme (*Ahankara*)	*Roudra* (Destructeur)	Affection (*Abhimana*)	Terre
corps (*Deha*)	tous les dieux	Tous	Tous

Ce corps astral possède donc les caractères de la passivité et de l'ignorance; c'est *Atma* (l'âme suprême) qui le meut; cette enveloppe reflet de souffle, comme disent les védantins (1), a 96 doigts de long; l'aura s'étend autour d'elle dans un rayon de 12 doigts; mais l'entraînement a pour effet de la réduire et de la concentrer au centre du corps, entre l'anus et l'urètre, en un triangle brillant comme l'or fondu.

Ce feu s'appelle le *Mouladhàra Tchakram;* il a quatre pôles. Au-dessus de lui s'étagent six autres centres ou roues, dont voici les noms :

2. — *Swadishtana Tch.*, à la naissance de l'urètre, 6 pôles, couleur rouge.

3. — *Manipouraka Tch.*, plexus ombilical, 10 pôles, couleur jaune.

4. — *Anahàta Tch.*, plexus cardiaque, 12 pôles, couleur blanche.

5. — *Visuddha Tch.*, plexus pharyngien, 16 pôles, noir.

6. — *Agneyà Tch.*, plexus caverneux, 2 pôles, rubis.

---

(1) Cf. Amaravella. *Le Secret de l'Univers;* et aussi pour ce qui suit : *Chandilly*, — *Dhyana Bindou*, — *Yoga Tchintamani*, — *Tjobindou*, — et *Aruna* — *Upanishads*, ainsi que Patandjali, Sankaracharya et Sanat Koumara.

7. — *Sahasrarà Tch.*, glande pinéale, ou trou de Brahma (*Brahmarandra*) sans pôle, couleur de soleil.

Le plexus n° 1 est la base de l'odorat et le moteur des organes sexuels.

— 2 — — du goût — de l'estomac.

— 3 — — de la vue — des pieds.

— 4 — — du toucher — des mains.

— 5 — — de l'ouïe — de la voix.

— 7 — — du Moi (le mental)—de la pensée

— 7 — — de l'extase.

Le Moi ou *Djiva* a son centre dans le n° 4, mais chez l'homme ordinaire il voltige de tous côtés (1), au hasard des circonstances extérieures ou intérieures, produisant selon le plexus qu'il touche, des perceptions sensorielles, des mouvements physiques ou des idées. Le Yogi, au contraire, le guide à son gré, on va voir comment.

Les mouvements du Moi, par lesquels a lieu le phénomène de la conscience, s'opèrent suivant ou le long d'un courant central ondulatoire que les Brahmes ont nommé *Koundalinï*, la force serpentine; elle est fixée par en bas à une sorte d'œuf situé près du plexus n° 3, et nommé *Khanta* (2). Par en haut, elle bouche le trou de Brahma; elle

(1) Le long des *Nadis*, nerfs du corps astral.

(2) Le nom de ce plexus (*Manipouraka*), signifiant rempli de gemmes, représente l'aspect de *Kantha*.

vibre entre ces deux points. Elle se présente au *Yogui* comme un fil lumineux contenu dans un tube, qui s'élève pendant le travail mystique tout le long de la colonne vertébrale. Ce tube s'appelle *Sushumna* : C'est le premier des *Nadis*.

Les *Nadis* ne sont pas les paires de nerfs du grand sympathique, ce sont plutôt les courants électriques dont ces nerfs sont les fils. Il y en a 72.000, d'après la Chandilly-Upanishad de l'Atharva-Veda, qui forment comme un arbre très ramifié dont le tronc est dans la colonne vertébrale. En voici les principales branches :

Au centre, *Sushumna*, dans la moelle épinière, dit le soutien du monde, le chemin du salut, parce qu'il conduit au trou de Brahma ou glande pinéale, par où s'échappe l'âme pendant l'extase. Il est neutre et de couleur bleue.

A sa droite, dans le poumon droit, agit *Pingala*, qui est de la nature du feu ou du soleil et dans le poumon gauche, *Idà*, qui est de la nature de la Lune. *Pingala* est actif, *Idà* est passif.

Saraswati est à la base de la langue.

Kuhu donne de la force aux organes sexuels.

Sankhini et *Payasvini* passent respectivement dans l'oreille gauche et dans l'oreille droite.

Alambusa rayonne autour du nombril.

Ghandari va du poumon à l'œil gauche, etc.

Ces *Nadis* contiennent les Vayous, qui sont simplement de la matière éthérique en suspension : ces particules sont très légères et froides.

Voici un tableau des plus importants des Vayous avec leurs localisations et leurs fonctions :

NOMS	LOCALISATION	COULEUR	FONCTION
Prâna	Cœur, gorge, narines...	Rouge	Respiration Toux
Apana	Bas-ventre, etc.	Rouge blanc	Excrétion
Samâna	Partout	Blanc lait	Nourriture
Udana	Jointures	Blanc	la Parole, la station debout
Vyana	Oreilles, yeux, etc.	Jaune d'or	Transpiration
Naga	Estomac		Vomissement
Krikara	Plexus solaire		Faim
Kurma	Paupières		Sommeil
Devadatta	Cœur		Paresse
Dhanan-Jaya	Lymphatiques		Phlegme

Cf. Sankaratcharya : *Tatwa-Bodha* et *Chandilly-Upanishad*, ainsi que les *Maitreyi-Amritanada* et *Prasna Upanishads*.

Ainsi, la force terrestre donne à l'homme au moment de sa conception le triangle sacré; de ce triangle partent deux organismes ; l'un destiné à attirer autour de lui la matière physique (classée en sept *Dhatous*) au moyen des trois *Dhosas* ou humeurs qui sont les *Vayous* ou airs vitaux, *Pitta*, la bile et *Sleshma*, le phlegme; — l'autre, destinée à établir la communication entre cet œuf de vie matérielle venu des parents et le Moi, au moyen de *Kundalini* dont l'action continue la formation du corps mental, déjà commencée dans l'existence précédente.

L'exercice de la Yoga consiste à guider *Kundalini* et par suite le Moi, puisqu'elle le porte comme une rivière porte une barque, de façon à le rendre immobile pendant un laps de temps qui ne soit pas préjudiciable à la santé, dans tel ou tel centre. En effet, c'est elle qui est la mère des *Nadis*, et les *Nadis* sont les facteurs de la vie végétative.

Les besoins de cette dernière une fois satisfaits, par les précautions indiquées au paragraphe suivant, le yogi, au lieu de laisser gaspiller sa force de *Kundalini*, drainera toute l'énergie des *Nadis* en un seul point : d'où repos pour l'organisme et surcroît d'activité en un seul organe. Cet organe, vibrant à une très haute tension acquerra l'énergie nécessaire pour aller chercher dans l'Invisible et ramener l'être qui personnifie le résultat que l'on veut obtenir ou la force que l'on veut capter.

Car les anciens Brahmes savaient, et quelques-uns des modernes savent encore que tout est vivant; que si, par exemple, vous voulez qu'un vase de bronze s'élève en l'air, un voyant étudiant le phénomène dans le plan astral ordinaire verra les forces en ondes vibratoires; s'il regarde dans le plan direct du Verbe, il verra des êtres enlever le vase. De sorte que tout pouvoir occulte est une incarnation locale dans l'être humain, mais une incarnation normale, saine, scientifique au rebours des phénomènes qui portent le même nom dans le spiritisme.

Pour en revenir au corps astral, ajoutons, d'après les textes, qu'il possède les caractères de la passivité et de l'ignorance; c'est *Atma* qui le meut; il est sujet aux trois sortes d'accidents :

1° *Adhyatmika* : maladies organiques;

2° *Adhibhoutika* : accidents provoqués par les autres hommes, ou les bêtes.

3° *Adhidivika* : accidents proprement dits : chute, incendie, etc.

Ses différentes parties ne sont pas indépendantes, ni interchangeables; *Atma*, au contraire est toujours là, que les corps soient présents ou absents. Si donc, on oublie tout ce qui n'est pas *Atma*, si on rejette ses corps et ses organes, si on s'identifie à la notion d'*Atma* au moyen de la volonté, on acquiert la Sapience (*Gnyanam*), laquelle chasse l'ignorance (*Agnyanam*) et son organe le corps causal (*Karana Sh.*).

Mais le disciple ne réalise ces notions que progressivement; au cours de ses études, il commet d'ordinaire trois sortes de fautes :

1° *Arthaprabouddhatoua* péché commis par celui qui ayant cru qu'il est *Brahm*, se trompe et met son moi dans ses corps et ses sens; puis, l'initiateur le corrige, mais il retombe dans son erreur.

2° *Aroudhapatitya* a lieu quand un étudiant avancé a compris qu'il n'est pas actif, qu'il est au-dessus des observances, et qu'il se remet à croire que c'est lui qui agit, à se passionner, à observer les rites.

3° *Vatchavivékattoua* est le péché de celui qui sait théoriquement, sans avoir une expérience suffisante, et qui, malgré cela, enseigne et bat monnaie avec la Sapience.

Voici un autre tableau de la constitution de l'homme :

ATMA : L'AME SUPREME.						
LE CORPS CAUSAL						
Corps astral	Organes mentaux	Le moi	Mental	Volonté	Pensée	Je
	Souffles vitaux	Sanana	Vyana	Oudana	Prana	Apana
	Sens	Ouïe	Tact	Vue	Goût	Odorat
Corps physique	Eléments	Son	Volume	Forme	Saveur	Odeur
	Organes	Oreilles	Mains	Pieds	Excrétion	Génération

Ainsi l'âme suprême est un soleil, l'âme inférieure est la lentille, et les organes du corps subtil sont les réfractions du spectre. Ce soleil est à la fois Connaissance (*Gnâna*) et activité (*Kriya*).

Quelques-uns disent que cette âme inférieure (*Djiva*) est le corps causal lui-même parce que ce dernier est le fil qui relie les incarnations; il persiste autant que vivent les deux corps inférieurs, mais chez l'extatique, il est endormi; il est le centre d'où l'âme suprême irradie les six forces (*Saktis*) qui président également à la destinée des Univers. Ces forces sont les filles de *Maya*, ou de l'Ignorance primordiale.

1° *Avarna S.* : force centrifuge, elle individualise, cause l'oubli, l'illusion, le sommeil profond.

2° *Vikshepa S.:* force centripète, qui synthétise, cause la veille et le rêve.

3° *Kriya S.:* dite épouse de Siva; elle est créatrice; c'est pour nous l'objectivation de la pensée; elle réside au plexus solaire.

4° *Itcha S.* : force de la volonté, motrice ou directrice.

5° *Gnana S.* : force de l'intellect, de la connaissance vraie. Quand elle agit dans l'homme ordinaire, c'est la faculté d'interpréter les perceptions, la mémoire, l'association des idées, la construction de la personnalité. Chez l'homme plus développé, c'est la clairvoyance, la psychométrie, etc...

6° *Para Sakti* : force universelle ou suprême, la vie rayonnante. Ces forces naissent dans l'enveloppe de béatitude; elles deviennent conscientes dans l'enveloppe de connaissance. Chacun des trois corps (*Dehas*) est d'ailleurs une base (*Oupadhi*), un plan sur lequel agit une force cosmique et qui l'individualise.

Ainsi le corps causal est le résultat de l'action de la Vie-essence sur la chaîne des *Je* qui constituent lentement le moi tout au long des incarnations; il est le résultat du *Karma* (actes antérieurs) et s'augmente du fruit des travaux les plus élevés de l'individu.

Quant au corps astral, les Védantins disent à son sujet tout ce que les occidentaux enseignent sur le double, le centre passionnel, et le mental ordinaire.

Le Moi, dans l'homme, est donc composé de diverses enveloppes ou organismes qui lui sont prêtés par la Nature, selon les régions qu'il traverse dans sa descente vers la matière terrestre.

Quand le moi passe dans une nébuleuse, il en reçoit des qualités (*Gounas*), qui sont l'âme, l'esprit et la vie.

Quand il passe dans un système solaire, il reçoit des enveloppes (*Oupadhis*) qui sont : la surconscience, la conscience, la neutralité, la vie et la matière.

Quand il arrive sur terre, il reçoit cinq organes des sens et cinq organes d'action.

Le plan physique, (*Bhour*), habité par des êtres matériels, dirigé par Vaiswanara, donne le corps physique.

Le plan astral inférieur (*Bhouvar*), habité par des élémentals, dirigé par Hiranyagarbha, donne le corps astral.

Le plan astral supérieur (*Swar*), habité par des dieux (*devas*), dirigé par Issouara, nous donne notre corps causal.

Ces quelques notions sommaires suffisent pour saisir les différences qui distinguent les différentes Unions (*Yogas*).

GÉNÉRALITÉS SUR LA YOGA

On appelle *Yoga* ou Union toute espèce de dressage systématique des facultés nerveuses, magnétiques, mentales ou intellectuelles de l'homme; l'état de perfection de chacune de ces facultés est supposé exister dans une région quelconque de l'Invisible sous la forme d'un dieu, d'un génie ou d'un diable; le problème est pour le néophyte de réunir ou d'unifier telle de ses facultés internes avec le type parfait qui s'en trouve dans la Nature astrale. Cette union, je le répète, peut être accomplie pour les forces magnétiques les plus simples comme pour les extases les plus hautes de la vie supra-intellectuelle : il y a donc un grand nombre de *Yogas*. Voici celles qu'on emploie dans les temples pour le développement du Fakir.

D'abord celle du corps physique ou du système nerveux de la vie végétative, puis celle des sons; le tout soutenu par les œuvres.

La *Yoga* du corps physique s'appelle *Hatha-Yoga* : ce n'est pas une série d'entraînements destinés à développer le système musculaire; elle s'adresse à la vie des cellules matérielles. Elle se caractérise surtout par des postures et des rythmes respiratoires. La *Yoga* des sons se subdivise en *Laya-Yoga* et en *Mantra-Yoga :* elle consiste à méditer sur certaines paroles ou certains sons. La *Yoga* des œuvres est la *Karma-Yoga* : c'est celle qui est à la portée de tout le monde : elle consiste à agir en union d'intention avec Dieu.

Cette dernière est la seule qui ne nécessite pas un genre de vie spécial. Elle comprend deux parties :

La *Kriya-Yoga* qui est l'accomplissement de tous les actes du culte auquel on appartient.

La *Smarana-Yoga* qui implique les dévotions et les pénitences supplémentaires : des récitations, le chant ou l'exécution de musiques pieuses, la peinture et la sculpture religieuses, etc.

Enfin la *Karma-Yoya* est complétée par une troisième partie qui rattache ce mysticisme populaire, pour ainsi dire, aux essors les plus hauts des grands extatiques: c'est la *Prana-Yoga*. Cette Yoga, nos informations nous permettent de l'affirmer, est le seul reste de l'initiation antérieure aux Védas, dans laquelle le Verbe était proposé comme but aux efforts de l'homme, où Il était adoré sous un nom presque identique à celui sous lequel nous le connaissons aujourd'hui et la voie qui menait à Lui était semblable à celle de l'Evangile. En effet, le *Prana-Yogi*, c'est-à-dire l'homme qui pratique la *Prana-Yoga*, se dépouille d'abord de tout ce qui pourrait le distinguer des autres hommes; s'il a déjà pratiqué des *Yogas*, il les abandonne et rentre dans la société et dans la famille; si c'est un non-initié, il continue sa vie commune; mais dans l'un et l'autre cas, la volonté est changée dans sa direction; l'individu entier travaille à s'oublier, à se réduire, à donner aux autres : fortune, intelligence, bonheur, en un mot tout ce qu'il possède et qu'il a péniblement acquis. Mais nous ne voulons qu'indiquer l'existence de cette *Yoga*, presque inconnue aujourd'hui. Revenons à notre sujet.

L'exercice ou les exercices qui caractérisent chaque sorte de *Yoga* (et il en existe une vingtaine) ont une base commune qui est double : ce sont les dix *Yamas* et les dix *Niyamas*. En plus de ces deux préparations, toutes les *Yogas*, sauf la *Karma*, ou Initiation par les œuvres, et la *Prana*, ou Initiation par la vie, dont nous venons de parler, ont deux autres bases communes, qui sont les *Asânas* ou postures et la *Pranâyama* ou maîtrise de l'équilibre vital. Ces deux dernières bases forment l'essence de l'*Hâtha Yoga*.

Tel est le système général de la *Yoga*. Nous allons étudier maintenant celles de ses parties qui sont employées pour l'obtention des phénomènes du Fakirisme.

ORGANES en travail	YOGAS	CHEMIN général	CHEMINS particuliers	CHEMINS spéciaux	BUTS
Vie matérielle	*Hatha*	Les purifications (*Yamas* et *Niyamas*)	Postures et Exercices respiratoires	Postures Respiration	Perfection du corps physique
Vie éthérique	*Mantra* *Laya*			Incantations	Pouvoirs astraux
Vie sentimentale	*Bhakti*			Amour mystique	Union
Vie mentale	*Sankya* *Vidjana* *Gnana* *Radja*			Concentration mentale	Omniscience
Vie spirituelle	*Karma* *Prana*		Le renoncement suprême		Service de Dieu sans espoir de récompense

Si l'on développe le corps physique, on pourra maîtriser la matière; si on développe le corps électro-magnétique, on pourra dominer les élémentals; si on développe le corps mental, on gouvernera les idées; si on développe le corps causal, on contrôlera les dieux.

Hata, *Laya* et *Mantra Yogas* développent le corps électro-magnétique; *Sankhya* et *Gnana Yogas* développent le corps causal.

Mais les possibilités de chaque étudiant lui sont personnelles; dans une existence, il arrive presque toujours qu'on ne peut maîtriser qu'une des enveloppes; chacun a des pouvoirs propres et limités.

En somme, il y a selon le brahmanisme trois grandes voies de salut : L'action, la dévotion, la connaissance, indiquées respectivement par *Karma Yoga*, *Bhakti Yoga*, *Radja Yoga*.

Les Yogas secondaires sont des parties de l'un ou de l'autre de ces trois grands systèmes, où s'arrêtent, par goût ou par ordre, ceux des disciples qui ne sont pas aptes à continuer jusqu'au succès final.

Nous n'avons absolument rien à critiquer dans *Karma*, ni dans *Prana-Yoga* : ce sont de magnifiques et pures esquisses de la doctrine morale de l'Evangile; mais examinons plus en détail les autres systèmes.

LES ENTRAINEMENTS

Enumérons-les d'abord, en allant des généraux aux particuliers :

1. — Purifications extérieures ou abstentions (*Yamas*).

2. — Purifications morales ou observances (*Niyamas*).

3. — Culte (*Kriya Yoga*).

4. — Postures (*Asanas*).

5. — Exercices respiratoires (*Pranayamas*).

6. — Récitations (*Mantra Yoga*).

7. — Concentrations (*Dhârana*).

8. — Contemplations (*Dhyâna*).

9. — Extases (*Samâdhi*).

Dans les *Yogas* très hautes on supprime de nos jours le culte et les récitations, on réduit à deux ou trois le nombre des postures et on s'élève peu à peu au plan des concentrations et des contemplations pour arriver à faire reposer le mental sur lui-même. Dans la *Yoga* du fakir c'est au contraire les purifications, les postures et les exercices respiratoires qui sont les plus étudiés. Voici quelles sont les purifications extérieures :

1. — *Ahimsa* : Ne causer aucune douleur ni par la pensée, ni par la parole, ni par l'action, à aucun être : de la sorte on ne contracte pas pour l'avenir de nouvelles dettes morales.

2. — *Satya* : Exprimer toujours la vérité, par l'intellect, par la parole et par le corps, de façon que l'émanation invisible de nos idées, de notre langage ou de nos actes, qui flotte dans notre aura ne soit pas divisée contre elle-même; auquel cas elle devrait, pour continuer à vivre, nous emprunter sans cesse de nouvelles forces; c'est ainsi que le mensonge est un véritable suicide en petit.

3. — *Asteya :* Etre indifférent à la possession de quoi que ce soit, ou intellectuellement, par la pensée, ou par la parole, ou par l'acte. Car, si l'homme ne recherche pas une chose, cette chose viendra vers lui : tout est vivant. Soyez immobile et vous verrez le mouvement autour de vous. Ce précepte est assez dangereux, car on peut acquérir cette indifférence soit au moyen de l'orgueil, soit au moyen de l'humilité; il est superflu de dire lequel de ces procédés est le meilleur. La *Yoga* fourmille d'armes à double tranchant : ainsi, à notre avis, l'observance absolue du Yama peut conduire à l'égoïsme; il y a des opérations chirurgicales qu'il faut avoir l'énergie de faire subir à un malade, quitte à assumer, en échange de la santé qu'on lui rend, la responsabilité passagère de la douleur qu'on lui a causée. De

même aussi, dire toujours la vérité peut être mauvais : il ne faut jamais l'altérer, mais souvent la taire, surtout en enseignant. Nous prions le lecteur de prendre note de toutes ces restrictions, et de ne pas se laisser éblouir par la profondeur rationaliste du génie hindou, qui a déjà séduit tant de cerveaux trop amoureux de la Science secrète.

4. — *Brahmatcharya* : Rester chaste en pensée, en paroles et en acte : d'où économie énorme de forces nerveuses, éthériques et mentales. Mais c'est là encore une règle trop absolue : la Nature nous a donné des organes et des forces qu'il est de notre devoir de faire travailler sur leur plan, sans vouloir les changer d'état comme nous verrons que fait le *Yogi;* nous n'avons pas le droit de changer ainsi l'ordre des choses que nous avons mérité de subir.

5. — *Dhaya :* Etre bon pour toutes les créatures, même avec les démons.

6. — *Ardjava :* Egalité d'humeur dans l'accomplissement des actes ordonnés et dans l'abstention des actes défendus.

7. — *Kshama :* Souffrir patiemment toutes choses, plaisantes ou déplaisantes.

8. — *Dhriti :* Conserver le mental aussi ferme et calme pendant le malheur que pendant le bonheur. — Les prescriptions 5, 6 et 7 sont encore à double tranchant : il faut avoir grand soin de les réaliser dans l'humilité, dans l'amour et dans l'abandon à la volonté de Dieu.

9. — *Mithahara* : Absorber une nourriture agréable, d'un volume égal au quart de la cavité stomacale.

10. — *Sancha* : Se purifier le corps selon les rites et l'intelligence par la science du soi ou de l'Absolu.

Voici quelles sont les dix observances religieuses :

1. — *Tapas* : accomplir des pénitences corporelles, d'une façon modérée.

2. — *Santoska* : se tenir pour satisfait de tout, avec reconnaissance.

3. — *Astikya* : adopter la doctrine védique sur le mérite et le démérite.

4. — *Dhana* : donner avec amour aux personnes méritantes (L'Evangile dit plus : Donnez à qui vous demande).

5. — *Iswara-pudja* : rendre au Seigneur le culte traditionnel. Cela procure au fidèle le secours de tous les invisibles attachés à ce culte, avec leurs qualités et leurs défauts.

6. — *Siddantam-Sravana* : étudier la philosophie religieuse.

7. — *Hri* : ressentir de la honte lorsqu'on agit contre la loi religieuse ou la loi civile.

8. — *Mathi* : marcher avec foi et amour dans le chemin indiqué par les livres sacrés.

9. — *Djapa* : réciter les incantations conformes à la loi religieuse auxquelles le *Gourou* (initiateur) vous a initié.

10. — *Vrata :* s'abstenir des actes défendus par les livres sacrés.

Ces deux séries d'entraînements sont un dressage de la volonté, de façon à ne pas mettre des pouvoirs dangereux entre les mains de personnes dont la moralité serait douteuse.

Ici se terminent les entraînements communs à toutes les espèces d'Union; l'aspirant-praticien ne saurait y attacher trop d'importance; et les anciens Sages de Bharat le savaient bien, puisqu'ils exigeaient de si longues épreuves de toutes sortes, avant d'ouvrir la bouche sur les mystères techniques de la Contemplation.

Autrefois, ces mystères et ces secrets avaient une raison d'être; on peut le croire; ils étaient indispensables pour la voie propre de l'initiation hindoue. Aujourd'hui, ils sont beaucoup moins utiles, parce que le Christ est venu nous ouvrir une route, spécialement à notre intention : c'est-à-dire plus courte, plus saine et plus adaptée à nos idiosyncrasies et à l'état actuel du milieu.

Voyons maintenant à quelles sortes d'Union ces vingt observances morales peuvent suffire.

KARMA YOGA

C'est l'union par les œuvres, la plus facile et la plus accessible à la masse des humains, retenus dans le monde. En effet elle ne demande que la purification de l'Intention; accomplir ses devoirs familiaux, sociaux et religieux, accomplir tous les actes de l'existence ordinaire, en prenant simplement la précaution de les offrir au Seigneur (*Ishwara*) : telle est l'essence de la *Karma Yoga.*

L'action peut avoir plusieurs buts. D'abord, et c'est le plus commun, la simple satisfaction des appétits instinctifs. Ensuite, la sensibilité s'affine, et l'égoïsme s'élève, soit qu'on le place dans les plaisirs de la richesse, de l'art, de la science, dans l'amour des femmes, des enfants, des honneurs, de la patrie, de l'humanité même : quand, par des naissances sans nombre, on a expérimenté le vide de tous ces buts, on passe par une période de désespoir, et là, le Seigneur fait comprendre qu'il faut, en effet, toujours agir, mais dans le but de lui obéir, et de concourir à l'accomplissement de ses desseins. La *Bhagavât Gîta* est le livre sanskrit où cette belle doctrine se trouve le plus clairement et le plus profondément expliquée.

Et c'est la même morale que prêchera le Christ, quelques siècles plus tard, avec, je le répète, les modifications nécessitées par les races auxquelles il s'adressait.

La grande maxime de cette *Karma Yoga*, c'est : agir comme si l'on était ambitieux; être désintéressé du fruit de ses actes, comme si l'on était apathique.

Le mot *Karma*, de l'aveu des sanscritistes, a comme racine *Kri* qui signifie faire. D'Olivet donne à ce mot les deux racines contractées : K R et R M. La première, à son avis, indique quelque chose d'incisif, de pénétrant, de creusant, un caractère, l'action de lire, de pousser un cri, le cours, la contingence, l'enchaînement de cause à effet, l'occurrence. La seconde, désigne l'acte par lequel un mobile quelconque se déplace, se porte jusqu'à la limite de sa course, du passé au futur. Ainsi le mot *Karma* désigne à la fois toute action, et les effets dont les actions antérieures sont les causes.

Comme tout ce qui nous arrive est un effet du passé, il faut donc accepter, dans le présent, tout ce qu'il contient de désagréable, et se refuser à ce qu'il contient de suggestions mauvaises.

Comme tout ce que nous faisons est une cause pour notre avenir, il ne faut faire que le bien.

Comme les résultats de nos actes varient selon les intentions, il faut purifier ces dernières.

Toute la *Karma Yoga* tient dans ces trois remarques.

Tout être qui n'agit qu'en vue de l'Eternel, atteint cet éternel : qu'il soit prince, guerrier, commerçant ou ascète; telle est la doctrine de Krishna; elle est fort juste; et ses commentateurs nombreux ajoutent que c'est à force de faire des expériences que les expériences deviennent inutiles, et que, par suite, il faut agir, sans cesse, mais sans désirer pour soi les résultats de l'acte, et en quittant l'attitude intérieure par lequel on pense : Moi, j'agis. La perfection consisterait donc, selon ces philosophes, à se sacrifier entièrement pour les autres; et cela nous ramène à l'idée mystique de l'Amour dont s'occupe particulièrement la *Bhakti Yoga*.

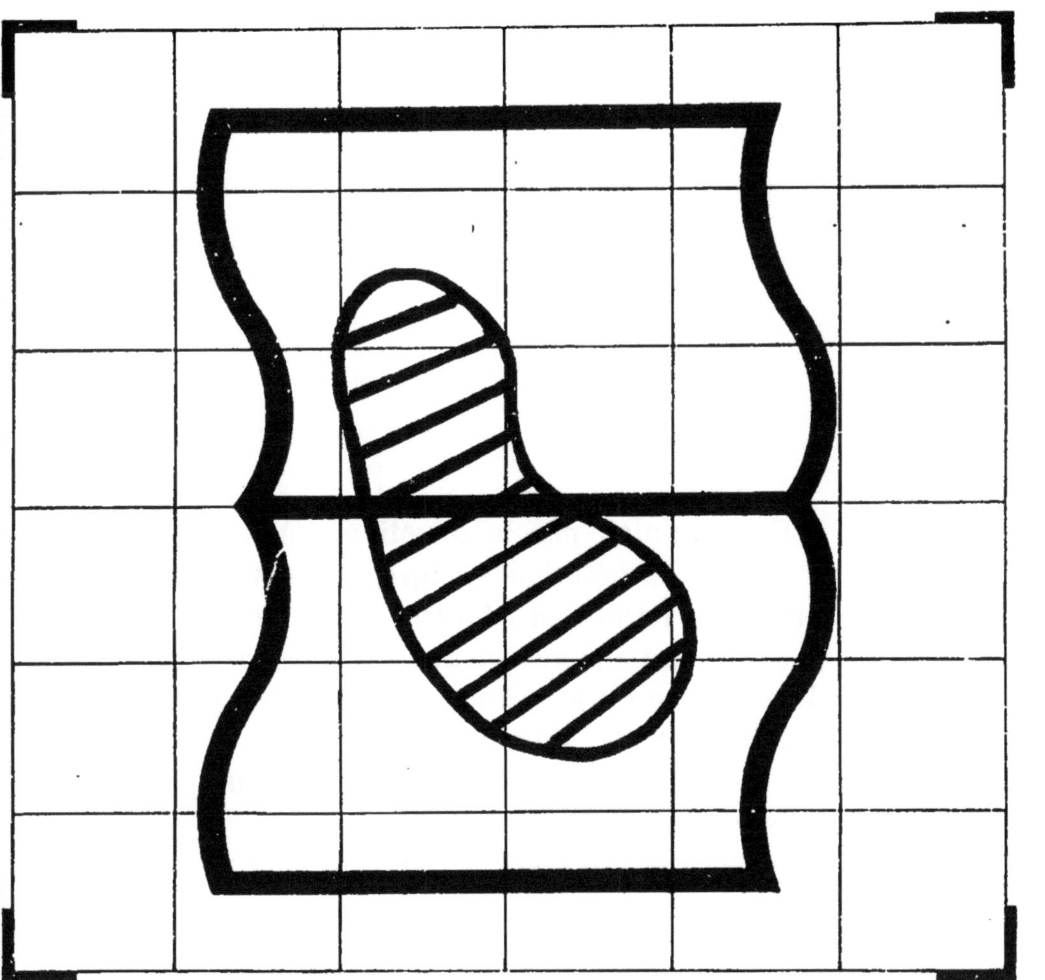

BHAKTI-YOGA

C'est l'union par la dévotion; l'âme pérégrine à travers le désert des aggrégats temporels pour atteindre l'unité, la béatitude et l'intelligence infinis; quand elle avance par les actes, c'est *Karma Yoga;* quand elle avance par la méditation, c'est *Sankhya Yoga;* quand elle avance par l'amour, c'est *Bhakti;* quand par une sorte d'autopsie, au sens grec du mot, c'est *Radja Yoga.*

Bhakti est le mode d'union, paraît-il, le plus accessible aux masses : et cela seul plaiderait en faveur de sa bonté et de sa santé; il est synthétique, vivant, rayonnant; tandis que les autres modes, dits supérieurs, sont toujours des ascétismes. Le *Bhakta* est, en effet, toujours riant, aimable et heureux; tous les objets, artificiels et naturels, lui sont des symboles de son Dieu; il le retrouvera partout; et il se délecte de toute la Nature, pensant ainsi jouir des perfections de son invisible Bien-Aimé.

Ce mysticisme, dans ses degrés inférieurs, est bien un peu sensuel et détermine quelquefois des déviations de conduite; mais, l'amour de la nature est tellement profond, tellement autochtone, dans le cœur de l'Hindou, que les écarts se rectifient d'eux-mêmes, et que les « dévôts » qui ont un peu erré montent assez vite à des contemplations plus dépouillées des richesses de la matière.

Il y a trois sortes de dévotions, disent les auteurs hindous :

L'externe (*Bahya Bhakti*), celle de tout le monde par laquelle on a besoin d'images, de formules et de cérémonies, pour adorer Dieu et les dieux.

L'unitaire (*Ananya Bhakti*) dans laquelle on remet à leur place de signes approximatifs, les rites et les images, on abandonne le culte des dieux et on n'adore plus que Dieu.

L'interne (*Yekanta Bhakti*), dans laquelle on adore Dieu en silence, et constamment.

Cette *Bhakti* est surtout enseignée par les philosophes *Visishtadwaïtis;* ceux-ci appartiennent au système *Vedanta*, dont nous parlerons plus loin et qui offre l'interprétation la plus haute de la philosophie védique. Le Vedanta (mot qui signifie couronnement et fin des Vedas) a pour clé de voûte l'identité de l'âme éternelle humaine et de l'Ame éternelle divine; il se divise en trois écoles.

1° La dualiste (*Douaïta*) qui voit surtout la différence de ces deux âmes (Cf. les écrits de Madheva).

2° La non-dualiste (*Adouaïta*) prêche l'identité complète de ces deux âmes (Cf. Sankaratcharya).

3° La *Vishishtadouaïta* note la séparation de ces deux âmes, et donne une entité objective à l'adoration du disciple : c'est le Dieu actif, *Sagouna Brahman*, le Dieu philosophique abstrait se manifestant simultanément comme Ame du monde (*Atma*), Esprit principe vital (*Pourousha*) et Matière primordiale (*Prakriti*). Ces trois attributs sont inséparables de l'absolu *Brahman*. De lui procèdent les âmes individuelles, séparées de Lui et qui tendent à le rejoindre : c'est pourquoi elles le cherchent par cette attraction spontanée, irraisonnée, involontaire même, qui est l'amour mystique.

En somme, le dévôt adore un Dieu objectif, manifesté, individuel; on voit de suite quelles ressemblances frappantes cette méthode possède avec le mysticisme des soufis et celui des catholiques; inutile de s'appesantir là-dessus. Ajoutons seulement que, dans l'Inde, le *Bhakti* emploie quelquefois, pour rendre plus précises ses expériences intérieures, les procédés techniques de la *Yoga*, que nous allons étudier tout à l'heure.

Cette *Bhakti* est plus rapide que l'union par les œuvres; elle se confond d'ailleurs, nécessairement avec elle à un certain degré de l'évolution du disciple.

On peut encore diviser en deux degrés l'école de la Dévotion.

Le premier est *Pratika Bhakti*, le culte des héros, qui dans l'Inde antique était surtout la piété envers les maîtres et les initiateurs; c'est ce sentiment auquel on est redevable de la richesse de la tradition orale hindoue en monuments écrits. Le nom même des *Upanishads* rappelle ces longues et calmes séances, dans les cours fraîches des temples, ou à l'ombre des vieux banians, où les disciples assis aux pieds du gourou notaient avec ardeur les moindres paroles tombées de la bouche de leur père spirituel. L'Initiateur et le disciple sont les deux extrémités de la chaîne de la connaissance, dit un vieil aphorisme, et les soins de leur amour réciproque sont les chaînons intermédiaires. Le maître et les disciples sont la thèse et l'antithèse du savoir, ajoute la *Taittireya Oupanishad*.

Le second degré est *Pratima Bhakti*, le culte des idoles, comprises comme le catholicisme ordonne de comprendre le culte des images pieuses : les dieux sont les manifestations de la Divinité une, disaient les anciens polythéistes, et tous les être créés depuis les hommes jusqu'aux pierres sont également des signes de Dieu. Cette doctrine se retrouve jusque dans saint Thomas, d'ailleurs, en passant par le mysticisme musulman. Toutefois, l'hindou l'exagère, pour ainsi dire, car le *Bhakta*, dans ses contemplations, ne se contente pas de voir dans la rose, par exemple, telle loi intellectuelle du Cosmos, telle perfection divine, telle vertu morale, pour pénétrer plus avant le secret de ces rapports mystérieux, que l'intelligence n'aperçoit que du dehors; il cherche à s'identifier avec cette rose; il emploie le mantram védantin : Je suis cela, mais pour lui *cela*, c'est d'abord une forme quelconque de la Nature; qu'il contemple, qu'il aime, en laquelle il cherche à se fondre magnétiquement.

Peut-être, cependant, se trouve-t-il quelques *Bhaktas* qui après avoir réalisé dans leur mental la formule : Je suis cette rose, continuent en travaillant un second mantram : Cette rose est cela, le Brahman inconditionné.

Nous verrons, à la fin de notre étude quelles réserves il y a lieu de faire sur cette dernière conception.

Notons, pour finir, que les exercices religieux qui inaugurent la *Bhakti* et qui complètent la *Karma Yoga*, sont, dans l'Inde le plus compliqués du monde. On sait que le panthéon brahmanique est riche de trente-trois millions de dieux; et chaque cérémonie cultuelle est une opération très minutieuse et très complète de magie.

Avant tout, comme on peut le voir en lisant le *Manava Dharma Shastra*, il faut des purifications corporelles. Les Vedas prescrivent pour cela des aspersions accompagnées de récitations variées. Ensuite vient le *Sankalpa*, ou détermination : formule très importante, car elle oriente toute l'opération; puis enfin la cérémonie proprement dite.

Pour se rendre compte de ce qu'est le travail du Brahmane, on fera bien de lire le *Brahmakarma* de M. Bourquin (1), qui est la traduction du rituel des cérémonies les plus usuelles.

---

(1) A. BOURQUIN, *Brahmakarma ou rites sacrés des Brahmanes*, traduit du sanscrit et annoté. Paris, 1884, in-4° br., couv. Prix 6 fr. à la BIBLIOTHÈQUE CHACORNAC.

HATHA YOGA

Ici commencent les entraînements qui nécessitent un genre de vie spécial; il faut se retirer du monde et se remettre entre les mains d'un maître; la prudence le recommande sous peine de mort.

Le grand dieu de ces écoles n'est plus Vishnou, le conservateur du monde, ou Krishna, le Bien-Aimé, l'amant des bergères; c'est Shiva, le sombre destructeur de la matière, le dieu couvert de cendres, le patron des ascètes, l'époux de la meurtrière Bhavani.

Toutes ces *Yogas* restrictives sont nécessairement précédées des premiers entraînements de l'*Hata-Yoga*, parce que, dans toutes, le disciple a besoin de vérifications expérimentales, et par conséquent, de développer sa clairvoyance et les autres sens astraux.

Hata-Yoga veut dire : union du soleil et de la lune dans le corps magnétique humain; il est, en réalité, un dressage des fluides de façon à les équilibrer tous exactement.

La première chose à faire est d'habituer le corps à de certaines attitudes, et les doigts à de certains gestes : cela détermine dans l'individu des courants magnétiques spéciaux.

Ces postures s'appellent *Asanas*, et les gestes des doigts, *Moudras* (1).

La nourriture est exclusivement végétarienne; les exercices sont faits quatre fois par jour : au lever et au coucher du soleil, à minuit et à midi. Quand il s'agit de l'Hâta Yoga, ou développement physique, on procède au préalable, à un nettoyage de l'estomac et du tube intestinal, au moyen d'un ruban de fil que l'on avale; on maîtrise en outre ainsi les contractions des deux valvules de l'estomac. Les maîtres de cette science peuvent développer chez leurs élèves ou sur eux-mêmes la force musculaire sans augmentation de volume du corps, jusqu'à un très grand degré. Nous avons eu de cela des témoignages étonnants.

Il y a une grande quantité de postures; et parmi elles, 64 ou 84 principales. En voici, pour exemple, quelques-unes des plus usitées :

Padma Asana (posture du lotus) : croiser les pieds sur les cuisses et tenir chaque talon de la main correspondante.

Simha Asana (posture du lion) : placer le talon gauche sous la fesse droite, et le talon droit sous la fesse gauche; les mains ouvertes sur les cuisses.

---

(1) M. de Milloué a publié un livre sur cette dactylologie, mais la théorie qu'il en donne est bouddhique et non brahmanique.

Siddah Asana : placer le talon gauche sous l'anus; et le talon droit sur les organes génitaux; concentrer ses forces entre les sourcils.

Bhadra Asana : presser les deux chevilles sous le siège et tenir les genoux avec les mains.

Swastika Asana : placer les pieds entre les cuisses; les genoux joints.

Gomoukha Asana : placer la plante du pied gauche sous la fesse droite et réciproquement.

Vira Asana : placer le pied droit sur le dessus de la cuisse gauche, et ainsi de suite.

Mayoura Asana : appuyer le corps sur les paumes, les coudes aux côtés, et sur la tête; lever les jambes.

Il faut toujours un maître, sans cela on risque des maladies nerveuses mortelles, la phtisie ou la folie; on doit choisir un lieu agréable, tranquille, solitaire, silencieux; il faut éviter l'eau, ou le feu, ainsi que les bêtes sauvages, les amas de feuilles mortes, les fourmilières, les ordures, les carrefours. Il ne faut pas travailler pendant la maladie, ou pendant une grande fatigue physique; il faut employer de l'eau tiède pour se laver, ne pas se mettre près du feu l'hiver, ne pas marcher très longtemps, ne pas jeûner rigoureusement. Nous n'avons pas la place d'expliquer le pourquoi de toutes ces prescriptions; le lecteur le trouvera aisément en se reportant au paragraphe qui décrit l'homme astral avec ses *Vayous* et ses *Nadis*, et leurs fonctions.

Disons quelques mots des Moudras. Chacun des cinq doigts représente et sert de résidence à une force de la Natrue. En en combinant les mouvements on appelle donc un dynamisme spécial puisque le signe attire toujours la chose signifiée. Il y a naturellement plusieurs systèmes de symbolisme dactylologique. Dans l'un, le pouce représente l'âme universelle; l'index, l'âme individuelle; le médius, la pureté; l'annulaire, la passion et le petit doigt, la matière. Dans l'autre, le pouce représenterait l'éther; l'index, l'air; le médius, le feu; l'annulaire, l'eau et l'auriculaire la terre.

Les prières védiques sont toujours accompagnées de ces gestes; la prière du matin à elle seule en comporte vingt-quatre, qui symbolisent autant d'aspects de Vischnou.

La base du pouce est consacrée aux Védas; la racine de l'auriculaire est consacrée au Créateur; le bout des doigts est consacré aux dieux; la partie de la main située entre le pouce et l'index est consacrée aux mânes des ancêtres (ou *Pitris*).

Le système complet compte cent-huit *Moudras*.

Nous n'expliquerons pas l'effet de chacune d'elles, parce qu'il faudrait pour cela faire une physiologie complète de l'homme astral, indiquant les localisations de toutes ces forces, leurs pôles, leurs effets, leurs correspondances avec les changements quotidiens de l'atmosphère seconde de la planète. L'explication des 84 postures serait tout aussi longue; et comme cela ne servirait, en somme, qu'à satisfaire la curiosité de l'esprit, on en tirerait moins de bénéfices qu'on ne courrait de risques spirituels à cette étude.

Disons quelques mots de la respiration.

En se reportant à ce que nous avons dit de la constitution de l'homme astral, on verra que si le Moi est porté par les *Nadis* et si les *Nadis* principaux gouvernent la respiration, il suffit de régler la respiration pour régler le mouvement des *Nadis* et par suite pour harmoniser les mouvements du Moi. Comme les *Nadis* sont les enveloppes des souffles vitaux, les traités classiques appellent cet exercice *Prânâyâma* ou réglementation de *Prând* qui est le principal des souffles vitaux. Ayant maîtrisé le plus parfait des mouvements involontaires du système nerveux du grand sympathique, le contrôle des autres mouvements involontaires en découlera. En d'autres termes, imposer un rythme au mouvement des poumons c'est imposer, aux molécules du corps électro-magnétique, un mouvement uniforme. Nous avons vu aussi que chacun des six plexus est un centre de perception et un centre d'action; on est donc induit à penser, et la vision directe le démontre, que chacun de ces centres est formé par un noyau d'éther spécial, et en effet, le plexus sacré est *Prithvi*, c'est-à-dire de la terre astrale; le plexus prostatique est *Apas*, de l'eau; le plexus ombilical est du feu (*Agni*); le plexus cardiaque est *Vayou*, de l'air; et le plexus pharyngien est *Akasha*, de l'éther; que le praticien amène son Moi (*Djiva*) dans un de ces centres, par exemple au plexus sacré, toute la force de son organisme entrera dans le courant de force astrale qui engendre ici-bas la pesanteur, l'inertie, l'élément *Terre* en un mot, et il pourra, par exemple, opérer des changements de densité dans la matière.

Voici quelles sont les principales pratiques respiratoires. On ne respire d'ordinaire que par une seule narine à la fois; mais le changement de la colonne d'air d'une narine à l'autre se fait involontairement et souvent inconsciemment. Il faut tout d'abord s'habituer à faire ce changement à volonté, puis quand on s'est suffisamment exercé, on prend une posture rituelle, le buste droit, le menton sur la gorge, et on procède à l'un des exercices suivants:

1. — Aspirer par la narine gauche, retenir le souffle dans le corps, expirer par la narine droite.

2. — Ou bien l'inverse, aspirer à droite et expirer à gauche.

3. — Ou aspirer par les deux narines à la fois et expirer de même.

Telles sont les types d'exercices pour garder le souffle en soi. Pour le faire sortir de soi, c'est l'inverse :

4. — Expirer par la narine droite, rester sans air dans les poumons; aspirer par la gauche.

5. — Ou bien expirer par la narine gauche et, après un certain temps, aspirer par la droite.

Il y a aussi des prescriptions pour respirer en sifflant, en imitant le bourdonnement d'une abeille, etc., etc.

Voici maintenant quelques détails complémentaires. Prenons comme type l'exercice n° 1.

On aspire pendant le temps de 16 matras (un matras est le temps que l'on met à décrire un cercle sur son genou avec la paume de la main, à peu près une seconde; retenir le souffle en dirigeant les ondes fluidiques auxquelles il sert de véhicule sur l'un des points de la moelle épinière indiqués plus haut (voir *Tchakrams*) : on commence d'ordinaire par le plexus sacré; en même temps on répète mentalement le *mantram* correspondant à ce centre : pour ce plexus sacré c'est le mot *Lam*. On retient ainsi son souffle sur ce point pendant 64 matras. Ensuite on le laisse lentement sortir pendant 32 matras par la narine droite. On répète cela 20 fois le matin, à midi, le soir, et à minuit ; ce qui fait par jour 80 *Pranayamas* pour commencer, soit 80 fois 112 secondes, en tout deux heures et demie.

Le corps commence à transpirer : il faut l'essuyer avec soin à la fin de chaque séance ; quelques jours plus tard, il est pris de tremblements qu'on laisse passer ; au bout de trois mois, il doit être capable de s'élever un peu du sol. La peau devient lisse ; il s'opère une purgation de toutes les humeurs impures ; la voix devient belle ; le besoin du sommeil diminue ; il faut s'abstenir de fumer sous peine de saignements de nez.

Si le sujet garde une continence parfaite, son corps acquerra une bonne odeur : il se passe alors, vers les sixième ou septième mois d'entraînement quotidien une série de phénomènes très curieux à étudier pour le physiologiste. Mais la décence occidentale nous interdit d'en parler ici.

Il y a des résultats de la *Yoga* physique qui paraissent fabuleux : si, par exemple, on pratique la suspension de la respiration dans la posture *Mayoura* (la tête sur le sol et les jambes levées), les cheveux gris et les rides disparaissent.

Si, dans un autre posture, après toutefois être devenu conscient des courants fluidiques du corps, on fait remonter jusqu'à la trachée-artère le courant qui provoque les excrétions (*l'Apana Vayou*), puis descendre de la tête jusqu'à cette même trachée, le souffle vital appelé *Prana*, le corps reprend l'apparence qu'il avait à l'âge de seize ans.

Si, en dehors des exercices réguliers, on prend l'habitude d'aspirer l'air avec bruit par les narines, de le maintenir le plus longtemps possible entre le cœur et la gorge, et de l'exhaler ensuite par la narine gauche, cela fait maigrir, et la lymphe superflue s'élimine.

Si on aspire l'air par la bouche presque fermée avec un sifflement, et qu'on l'exhale par le nez après l'avoir gardé longtemps, la faim, la soif, la paresse physique et le besoin de sommeil diminuent.

Si on aspire l'air par la bouche grande ouverte et qu'après l'avoir retenu on l'exhale par le nez, cela guérit du spleen, de la fièvre et des maladies du foie.

Il y a ainsi des centaines de recettes bizarres dont nous ne pouvons, sous peine d'être diffus, donner une théorie détaillée. Tout revient en général à jeter toutes les forces disponibles de l'homme dans un centre spécial, à les teindre pour ainsi dire de la couleur de ce centre et à en former un puissant pôle négatif qui attire une partie de la force tellurique inversement analogue. C'est cette attraction qui est pratiquée dans les deux stages suivants de la *Yoga : Dharana* et *Dhyana;* la décharge électrique, l'orage fluidique qui s'accomplit au moment de la conjonction de la force humaine et de la force cosmique, c'est le but de la *Yoga*, c'est *Samâdhi*, c'est l'extase. Seulement il faut que le sujet soit assez fort pour résisiter au choc : sans quoi c'est mort, folie, paralysie générale, délire érotique, etc., etc.

L'effort d'attention qui est fait sur une sensation interne, sur un point du corps, ou sur une idée, pendant l'exercice respiratoire est *Dharana*, la concentration; techniquement il faut environ deux heures de rétention du souffle pour atteindre cet état. Au bout de vingt-quatre heures ininterrompues de Dharana on entre dans la contemplation, *Dhyana;* c'est alors que les rayons du pouvoir désiré obombrent l'esprit avant de fondre et de s'incorporer en lui par l'extase. Si par exemple, vous vous concentrerez sur la partie du corps astral qui en est la racine, le germe, le fœtus, cette partie (le triangle de feu qui siège dans le plexus sacré) appartient au plan universel de l'enfance des êtres et des choses, à l'appartement du printemps, si l'on peut ainsi s'exprimer : que le Yogi ramène sur ce point tous ses courants vitaux, aussi bien par l'attention que physiquement, en croisant les mains sur le bas ventre, en ramenant les talons sous le périnée, il rajeunira véritablement.

Cette *Yoga physique* contient toute une partie consacrée à l'étude, à la maîtrise et à la transmutation des pouvoirs procréateurs de l'homme nous n'en parlerons pas à cause du danger qu'elle présente, danger cependant moindre, puisqu'il n'est que physique, que la responsabilité spirituelle qu'endossent tous eux qui s'élèvent ainsi comme rois sur la nature, pour en contrarier la marche au gré de leur orgueil.

Voici, en résumé, la théorie du *Mantram* ou Incantation. Il existe, dans l'Invisible un plan où agissent les forces du son; ce plan est représenté dans l'Etre humain astral, de même que le son physique dans la Nature se retrouve dans la voix humaine. Si donc l'homme concentre son attention sur un ton matériel, il parviendra à travers cette enveloppe physique jusqu'à la force invisible de ce son. Or, les sons articulés ont été classés par les Brahmes au moyen de l'alphabet sanscrit; leur force invisible, l'esprit qui y est attaché se nomme *Bidjà*, semence; elle vient de la Nature, *Prakriti*. Les mots sanscrits sont donc des Incantations qui contiennent une certaine quantité de force que la volonté humaine peut encore dynamiser.

Pour cela, il faut d'abord rechercher quels sont les mantrams qui conviennent à l'individu qui s'entraîne; cette recherche s'appelle *Ranarangabhàva;* elle consiste d'une façon générale à établir un rapport arithmétique entre la première lettre du nom du sujet, et la première lettre du nom du mantram. Ce rapport indiquera le multiple de cent ou de mille fois que devra être répété journellement le mantram pour obtetir l'effet voulu.

Il y aurait à exposer ici la théorie hindoue des noms propres, science qu'on appelle en Occident l'astrologie onomantique; mais cela nous entraînerait un peu loin et elle n'est pas nécessaire à la compréhension de notre sujet.

On a écrit dans les vastes recueils appelés *Tantras* et *Agamas* une foule de règles concernant la pratique des *mantrams* (1), mais elles ne sont pas appliquées au cas du fakir, dont l'horoscope a, au préalable, soigneusement établi les capacités magnétiques ou astrales.

Chaque mantram possède un *devata*; c'est la personnification du mouvement fluidique que sa prononciation détermine dans l'atmosphère se-

(1) Sédir. *Les Incantations*. (Epuisé.)

conde; le mantram suprême est le monosyllabe sacré, *om*, dont le dieu est le Dieu suprême. On emploie donc ce monosyllabe au commencement de tous les mantrams bénéfiques.

Dans un mantram, de deux syllabes au moins, la terminaison *Hum* produit la soumission ou l'attraction.

» *Voushat* » la clairvoyance.

» *Namah* » la fascination ou la léthargie, etc.

C'est dans la terminaison que se trouve la force du mantram, son *Bidjà;* on comprendra que nous ne donnions pas ici la liste de tous les mantrams (il y en a 67millions),ni surtout de ceux qui peuvent produire le mal; la liste seule des ouvrages traitant des mantrams remplirait une dizaine de pages; nous ne voulons que donner au lecteur une simple idée de leur existence.

LES PHÉNOMÈNES DU FAKIRISME

Le Fakir complètement développé s'appelle dans la langue classique un *Siddha*, parce qu'il possède les huit *Siddhiṣ* ou pouvoirs éthétiques. Ce sont :

1° *Ahima* : pouvoir de se réduire jusqu'à l'atome.

2° *Mahima :* — de s'augmenter de volume.

3° *Laghima :* — de lévitation, sur d'autres ou sur des objets.

4° *Garima :* — de dématérialiser les objets ou, au contraire, d'en augmenter la pesanteur.

5° *Prapti* : — de réaliser ses désirs.

6° *Prakamya* : — de faire pénétrer les corps matériels les uns dans les autres.

7° *Isita* : — de commander aux êtres de la Nature physique.

8° *Vasita* : — de changer de forme à volonté.

Les autres pouvoirs astraux sont : la faculté d'émettre son fluide vital, le magnétisme curatif, la faculté de se nourrir astralement, la suspension temporaire de la faim, de la soif, de la respiration, de la circulation, de la sensibilité, l'extériorisation de cette dernière, l'émission de membres astraux, la faculté de rendre visible son corps astral, la communication avec les élémentals, la clairvoyance et la clairaudience astrales (Amaravella).

Il y a comme toujours beaucoup de théories à émettre pour expliquer ces faits. Parmi celles que la science hindoue propose, les Brahmes en donnent à leurs fakirs une qui ressemble fort à notre spiritisme moderne; Jacolliot en parle souvent (1).

---

(1) *Voyage au pays des Fakirs charmeurs.*

Les pages qui précèdent permettront au lecteur déjà familiarisé avec l'Esotérisme de trouver une explication plus profonde de ces faits. Mais ce qu'il lui importe de comprendre c'est le danger et l'illégalité de ces entraînements. Voici pourquoi :

Je reconnais que l'homme est ignorant et impuissant et qu'il a le droit de chercher la science et le pouvoir. Mais ce sont des fautes antérieures qui l'ont mis dans l'état où il est, qui ont rendu son corps débile, son intelligence superficielle, sa volonté vacillante; donc, il ne peut pas se libérer de ses charges en les rejetant, mais en les portant; il faut qu'il subisse les incommodités physiologiques, magnétiques, mentales, qu'il a lui-même, provoquées; s'il veut y échapper par l'entraînement de la Yoga, il s'en débarrasse bien pour vingt ans, pour quelques existences peut-être; mais, dans quelque coin du monde spirituel que notre moi se soit caché, les justiciers le découvrent; et il lui faut payer sa dette en bloc. Le calcul est donc mauvais.

Les ascètes intellectuels, *Gnâna*, *Sankhya* ou *Radja Yogis*, méprisent les fakirs des pagodes; cependant leurs méthodes sont identiques; le plan d'application seul diffère; et il n'est pas certain que le sort d'un ascète de l'autodéification soit, de l'Autre côté, meilleur que celui du pauvre fakir.

Voyons, maintenant, en quoi consistent ces ascèses philosophiques et purement psychologiques; et pour cela demandons à l'école philosophique la plus haute, au Védanta, les raisons, les buts, les méthodes et les résultats théoriques des Unions supérieures.

Nous entrerons ensuite dans quelques détails techniques.

PHILOSOPHIE DES YOGAS

Les Védas définissent la Cause première par : Non, non, voulant indiquer par là que la seule façon de la désigner est le silence: c'est Brahman.

Il est considéré soit comme neutre, abstraction pure, sans attributs (*Nirgouna*), ou, quand il crée, comme manifesté, qualifié (*Sagouna*), actif; c'est alors le Seigneur (*Issouara*).

Le premier contient : l'Ame en général, le Soi, (*Atma*), l'immuable,
L'Esprit de vie, l'énergie, muable, (*Pourousha*),

La matière (*Prakriti*) dont les transformations incessantes se reflètent sur Pourousha.

Le second contient : le Créateur, le Conservateur et le Destructeur, Brahmà, Vishnou et Shiva.

L'Esprit et la matière réagissent continuellement l'un sur l'autre; mais *Atmà* est leur témoin impassible; c'est sa présence qui produit, en l'homme la notion de Conscience, le Soi.

Or, l'homme, qui ne voit que la matière, s'identifie à elle et souffre; les religions et les travaux mystiques ont pour but de chasser cette souffrance, en guérissant l'erreur commune. C'est le but des six systèmes philosophiques hindous, c'est le but de toutes les *Yogas*.

Il y a cinq sortes de souffrances :

1° Se croire soi-même être un moi (*Djiva*) = *Avidyaklesa*.

2° Conserver la roue des naissances et des renaissances (*Samsara*) et l'attitude mentale qui en est la cause, = *Abhinavaklesa*.

3° Courir follement de sensations en sensations, = *Asthitaklesa*.

4° Désirer sans contrôle et sans frein, = *Ragaklesa*.

5° Tromper autrui par le désappointement, = *Dveshaklesa*.

Elles proviennent en dernière analyse de deux parmi les quatre espèces de désirs mentaux qui sont :

1° *Dharma* : désir de faire de bonnes actions.

2° *Artha* : désir de la fortune.

3° *Kâma* : désir des jouissances sensuelles.

4° *Moksha :* désir d'être délivré des chaînes temporelles.

Répétons ici, qu'à notre humble avis, le but de l'existence n'est pas d'échapper à la douleur en se réfugiant dans l'immobilité, si sublime et si éthérée soit-elle; nous nous expliquerons sans doute à ce sujet quelque jour, bien que les modernes vulgarisateurs de l'ésotérisme oriental, nient, sans doute pour s'accommoder à la conception chrétienne, que leur *Moksha* ou leur *Nirvana*, soient des états de zéro mathématique. Mais continuons d'exposer notre sujet.

Pour le Védantin, la science seule procure la délivrance. Ils reconnaissent une science extérieure (*Pravrutthi Gnana*) qui s'acquiert soit par les sens (*Vishaya G.*), soit par le son (*Sabda G.*), soit par la parole (*Vachà G.*), — et une science interne, esotérique, (*Nivruthi G.*), qui est seule nécessaire au salut, et qui s'acquiert par l'expérience (*Anoubhava G.*), l'intuition (*Nirvishaya G.*) et l'étude du soi (*Souapprakasa G.*).

D'autre part les trois sortes de *Karma* (fruits de l'activité) sont :

1° *Agami Karma :* conséquences de l'accomplissement d'actions physiques bonnes ou mauvaises par quelqu'un qui sait distinguer l'illusoire et le réel; il est futur.

2° *Sadchita Karma :* conséquences qui sont comme des graines d'innombrables renaissances futures, générées dans toutes les existences antérieures, et nées actuellement; il est du passé.

3° *Prarabdha Karma* : est la partie de la seconde sorte de destin que l'on a soi-même à expérimenter dans la vie actuelle; ce sont les causes de notre personnalité physique actuelle.

Dès donc que l'on abandonne le champ d'action du *Karma*, c'est-à-dire que l'on enlève de son cœur tout lien avec la Nature, avec le créé, le *Karma* passe à côté de nous sans nous toucher, et l'on possède la liberté.

Le second Karma, est détruit en réalisant l'idée : Je suis le créateur. Le premier *Karma* n'a pas d'action sur le « sage », (*Gnyanï*); au contraire, il va vers ceux qui honorent ce sage ou vers ceux qui le font souffrir; en bien ou en mal. Le troisième *Karma* s'épuise en vivant; cette purgation est de quatre formes :

1° Vive (*Tivra Sanskara*) : vivre au milieu des expériences uniquement en l'âme suprême.

2° Moyenne (*Madhya S.*) : quoique sensible aux plaisirs, penses toujours à *Atma* et être heureux comme un enfant.

3° lente (*Manda S.*) : repousser toutes expériences pour se complaire dans le bonheur intérieur.

4° léthargique (*Supthi S.*) : renoncer aux expériences pour assentir *Atma* comme si on était délivré.

Le *Prarabdha Karma* lui-même est de trois sortes :

1° *Itchha :* effets des actes antérieurs accomplis en toute conscience.

2° *Anitchha :* effets d'un acte accompli contre notre volonté, par pression.

3° *Paritchha :* effets d'un acte indifférent à nous mais accompli pour obliger un tiers.

Etant donnés un disciple et un maître qui l'enseigne « Ton moi (*Djiva*) lui dit-il, est un oiseau, dont les sens sont les pattes, le souffle les ailes, et le mental la tête. Quand il a perdu ses pattes, il vole; quand ses ailes sont cassées, il vit avec sa tête; qnand il a perdu tous ces organes il vit comme entité psychique (*Djiva*). Ainsi oublies de me voir, deviens sourd à ma voix, identifies-toi à moi, et croyant que tu es la Connnaissance (*Gnâna*), tu la deviendras. »

En d'autres termes, l'individu humain est une étincelle de *Brahm* (le créateur) qui contient la faculté de savoir (*Gnyàna Sakti*); cette faculté devient l'illusion (*Mayà*) (1) aux trois modes (*Gounas*); c'est l'état où le noumène (*Brahm*) est enveloppé dans le phénomène (*Mayà*); de là viennent

(1) *Maya*, qui produit l'univers tout entier, ne réside ni dans l'être, ni dans le non-être, ni dans leur combinaison; elle est le non manifesté (*Avyakta*); elle n'est ni divisible, ni indivisible, ni les deux; elle n'est ni hétérogène, ni homogène; elle n'est résoluble que par Brahm l'unique.

les cinq éléments, qui en se combinant par l'ordre d'*Issouara*, donnent lieu aux trois corps : physique, astral et causal, selon la loi suivante.

Prenons une particule d'Ether (*Akasa*); divisons-la en 2, et l'une de ces moitiés en cinq.

$$Akas' \begin{cases} A\,1. \\ A\,2 = a, b, c, d, e, f. \end{cases}$$

et ainsi de suite pour les quatre autres; la combinaison de *b*, *c*, *d*, *e*, *f*, avec les cinq parties analogues des quatre autres éléments donne 20 groupes. En y ajoutant les 5 *aa*, on en obtient 25 qui sont le corps physique. Les cinq « A1 » forment le corps astral (2).

Le premier résultat à obtenir est de savoir séparer le noumène et le phénomène, *Atma* et *Anatma*, *Pourousha* et *Prakriti*, l'esprit et la matière, le Seigneur et la Nature. Pour cela il faut d'abord analyser les modes (*Gounas*) de l'Illusion (*Mayà*) :

La première (*Radjas*) est l'extension (*Vikshepa Sakti*) qui produit dans l'homme les tendances à l'action, les modifications du mental, mères de la douleur; le vice, la colère, la malice, la personnalité, la jalousie et l'envie en viennent aussi. La seconde (*Tamas*) est enveloppement, obscurité, torpeur; elle produit l'existence conditionnée et est la cause déterminante du premier mode; ses propriétés sont l'ignorance, la paresse, le sommeil, l'illusion, la folie.

---

(2) Ce système s'appelle *Panchikarana*.

La troisième (*Sattva*) mélangée aux autres, est le chemin du salut. Elle produit la discipline, la maîtrise de soi-même, l'éducation, le respect la vénération, le désir du salut, les qualités divines et l'éloignement du mal.

La discipline comprend l'ascétisme, la gaîté, la libéralité, le culte des dieux, l'étude des Ecritures, la honte de mal faire, l'humilité, l'accomplissement des rites.

La maîtrise de soi consiste dans l'inocuité, la véracité, la non-acquisition au détriment d'autrui, la clémence, le pardon, la patience, la droiture, la tempérance et la pureté.

Les qualités divines consistent à nous faire accomplir nos devoirs sans désirer en obtenir un avantage personnel.

La qualité *Sattva*, non mélangée, produit la paix profonde, la perception de l'Ame suprême, le contentement, la gaîté, la concentration du mental sur lui-même engendrant un avant-goût de béatitude.

Le mystique doit d'abord posséder les quatre acquisitions (*Sadhana Chatustayas*) :

1° Distinguer l'éternel du périssable. (*Nitya Nitya Vastouvivekam*).

2° Renoncer à jamais à jouir du fruit visible ou invisible de ses propres travaux (*Thantrarthaphala Bhoga Viraga*).

3° Posséder le calme; contrôler ses désirs; abandonner le culte extérieur; souffrir avec patience; concentrer son entendement; avoir la foi : (ces six sont le *Syamadishatka Sampatti*) (1).

4° Désirer le succès final (*Moumoukshattva*).

Ensuite il doit réaliser les huit abstentions (*Yamas*) et les huit observances (*Niyamas*). Seulement alors il faut commencer les entraînements pratiques.

La deuxième et la quatrième de ces quatre acquisitions sont les plus indispensables.

Le désir de la délivrance (*Mokshetcha*) doit être comme le désir d'échapper à un incendie, comme l'anxiété de celui qui traverse une forêt infestée de tigres, comme l'anxiété du voyageur qui passe près d'un repaire de bandits, comme l'angoisse de celui qui a été empoisonné et qui épie les effets de l'antidote qu'on lui a fait prendre. L'incendie, c'est la roue des générations, la forêt ce sont les désirs (*Moham*), le tigre, c'est le

---

(1) Selon un autre commentaire, ces six acquisitions consistent en :

1° Contrôle des sens externes (*Syama*) ou concentration du mental sur l'objet de perception.

2° Contrôle des sens internes (*Dama*) ou direction des sens sur eux-mêmes, contrôle parfait des actes.

3° N'être empêché en rien par ses préoccupations temporelles. (*Ouparati.*)

4° Désirer la lumière, comme un homme affamé désire des aliments (*Titiksha*) ou supporter toutes épreuves.

5° Honorer l'initiateur, Dieu, les livres saints, la tradition. (*Sraddha.*)

6° Discuter, étudier, arriver à des conclusions rationnelles. (*Samadha*) ou penser sans cesse à l'esprit pur.

mental (*Manas*); les voleurs, ce sont les six ennemis (*Arishadouarga*) :

le désir (*Kama*);
la haine (*Krota*);
la cupidité (*Lobha*);
l'ignorance (*Moha*);
l'arrogance (*Mada*);
la jalousie (*Matcharya*);
et le poison, c'est le désir personnel (*Asa*).

Ensuite, il faut chercher un initiateur (*Gourou*) et se dévouer à lui :

1° en le servant dans ses propriétés temporelles (*Stana Sisrousha*);

2° en lui donnant des soins corporels (*Anga Sisrousha*);

3° en le révérant comme son Seigneur (*Bhava Sisrousha*).

4° en prévenant ses demandes (*Atma Sisrousha*).

Le disciple doit avoir expérimenté les trois sortes de dévotion : c'est le meilleur des moyens de délivrance :

1° L'extérieure ou rituelle (*Bahia Bhakti*).

2° Celle qui ne reconnaît qu'un Dieu, et qui le trouve partout (*Ananya Bhakti*).

3° Et la dévotion intérieure, silencieuse (*Yekanta Bhakti*).

Si le disciple ne possède pas cette pureté de cœur, s'il ne vit dans la solitude, s'il nourrit des désirs, il tombera dans l'une des trois erreurs suivantes :

1° *Samsyaya :* puisque j'ai des organes, j'agis; sans eux, je ne pourrais agir; or, *Atma* n'agit pas; c'est moi qui agis. Or, quoi qu'en disent les livres, rien ne prouve que je suis *Atma;* ce manque de foi arrête le disciple; pour le guérir, il faut traiter le mental (*Manas*).

2° *Asambhavana :* L'âme suprême est le Savoir : *Atma* = *Gnyana.* Mais, en moi, la pensée (*Tchit*) connaît, elle est donc *Atma.* Ou bien, *Atma* est autre que le monde; or, dans le sommeil, le monde n'existe plus; donc le sommeil est *Atma;* on réfute ceci par l'étude des textes.

3° *Viparitabhavana :* Quand il n'y a pas de vie, il n'y a rien; or, dans le sommeil, il y a vie, et il n'y a rien; la vie est donc *Atma*, ou bien : quand nous possédons un corps, nous pouvons tout connaître; quand ce corps meurt, nous ne pouvons plus rien connaître; ce corps est donc *Atma.* Cette erreur se guérit expérimentalement, par l'extase (*Samadhi*).

Les étapes du *Videhakaivalyam*, salut obtenu dès l'existence actuelle, aussitôt après la mort, sont les suivantes :

1. — Observer les rites et les lois (*Karma* et (*Dharma*).

2. — Se débarrasser ainsi du péché.

3. — Acquérir la pureté de l'entendement.

4. — Connaître que la roue des renaissances (*Samsara*) est mauvaise.

5. — Abandonner les objets sensibles.

6. — Désirer ardemment la délivrance.

7. — Devenir insensible et indifférent aux rites

8. — Pratiquer l'Union.

9. — Aimer l'Ame suprême.

10. — Etudier et expérimenter les sentences théosophiques : Tu es Brahm, etc.

11. — Acquérir la connaissance de l'unité.

12. — Se détourner de l'ignorance (*Avidyà*) et de l'illusion (*Maya*).

13. — Détruire la notion de dualité.

14. — Rejeter les idées de bien et de mal, de faste et de néfaste, etc.

15. — Faire mourir l'amour et la haine.

16. — Sentir le néant de l'acceptation et du rejet, du oui et du non.

17. — Voir disparaître le vice (*Papa*) et la vertu (*Pounya*).

18. — Détruire la notion du corps (*Deha*).

19. — Se purifier ainsi de tous péchés, et enfin :

20. — Réaliser expérimentalement la béatitude de l'Absolu.

Il faut pour cela déraciner l'idée que le moi est le corps physique, ou le corps fluidique; il faut être spectateur, témoin de leurs activités; ce sont des vêtements doués de mouvement; de même il faut regarder la veille, le rêve, et le sommeil profond comme si ce n'était pas le moi qui les subit. Ce qui donne la vie à ces corps et à ces états, ce qui fait qu'on peut les connaître, c'est l'âme suprême, qui resplendit dans le quatrième état (*Touriya*) qu'on expérimente par l'extase (*Samâdhi*). C'est la volonté (*Bouddhi*) qui, soit au moyen du corps physique (*Stoula Sharira*) soit au moyen du corps astral (*Linga Sharira*) expérimente l'amour (*Raga*), le désir (*Itchha*), le bonheur (*Soukha*) et la peine (*Doukha*). Si je place mon moi en *Atma*, la volonté disparaît, et je deviens impassible; mais pour que cette âme suprême m'illumine, il faut que l'âme ordinaire devienne pure comme le cristal.

Si on se figure que le moi réside et consiste dans ce corps physique, ce moi est *Djiva* : cette âme inférieure n'est autre chose que l'âme suprême (*Atma*) couverte par l'enveloppe (*oupadhi*) de l'ignorance (*Avidyà*).

L'âme suprême (*Atma*) existe par elle-même; elle est et n'est pas; le corps qui meurt, la vie qui est liée à la matière, le mental qui est le Je, la volonté qui s'évanouit dans le sommeil, le moi qui cherche le bonheur ne connaissent pas cette âme, mais sont connus d'elle. Elle est au commencement et à la fin, immuable, au-dessus du temps; elle est une forme du savoir absolu (*Bodh*).

Elle est l'absolu (*Brahm*); exotériquement elle est identique aux organes; esotériquement, elle en est distincte; ce qui n'est ni ceci ni cela, c'est elle; ni l'univers, ni nous-mêmes ne pouvons nous convaincre de cette unité; elle doit nous être révélée par le *Veda* ou par le *Gourou* (l'Initiateur).

De même qu'on sait qu'un pot est de la terre, de même on doit savoir que tout cet univers est *Brahm*, dans son essence; les corps de l'homme, sa volonté, etc., ne sont pas l'homme; mais l'âme suprême peut tout attirer jusqu'à elle; l'idée du monde est sous-entendue dans l'idée d'âme suprême (*Paramatma*), et réciproquement.

L'ignorance et la science et toutes les paires d'opposés n'existent que pour les besoins de la cause; elles ne « sont » pas réellement. *Atma* seule est omniprésente, omnipotente, omnisciente; elle est la création, le créateur, le contenant et le contenu; elle est la médecine universelle; la source et l'océan; le temps et l'éternité; le point et l'infini, le mobile et l'immobile. Elle est la joie, la vie, la liberté, le bien et le mal, le vice et la vertu, la prière, le sage, et le sacrifice et le prêtre; elle est la chose, le mot et le parleur; elle est l'inaccessible.

Elle est le plus petit et le plus grand; elle est le vide et le plein; pour la percevoir il ne faut plus être ni celui qui voit, ni ce qui est vu, ni l'organe visuel. Il faut aussi abandonner :

le désir du bonheur physique,
l'idée de distinction entre soi et les autres,
l'idée d'avoir et ne pas avoir (*Bhàva et Abhàva*),
le juste et l'injuste (*Dharmà et Adharma*)
le vrai et le faux (*Sathya et Asathya*).

Puis cette intelligence qui a servi à effectuer les abandons précédents, il faut la développer, en la dépouillant de ses qualités, jusqu'à la non-intelligence.

Voici comment s'exprime à ce sujet Sankaratcharya.

« Abandonne tout acte (du je) et pense que tu es Brahma.

« Après avoir dit que tu es Brahma, oublies ton individualité.

« Comme l'éther terrestre baigne dans l'éther cosmique, ainsi immerge ton moi individuel dans ton moi universel; et ainsi, ô sage, demeure tranquille avec l'idée de l'indivisible.

« Pense que tu es le savoir (essentiel), que ce monde, et que moi, nous sommes aussi ce savoir.

« Pense que tu es ce qui existe dans le passé, le présent et le futur; dans la veille, le rêve, et le sommeil profond. Pense que tu es ce savoir, un, invisible, non affecté par l'illusion, pur, et identique. Observe le silence.

« Pense que tu es CELA qui, délivré de la naissance, de la mort, du bonheur, de la peine, de la caste, de la méthode, du rite, des ancêtres — est la cause de ce monde.

« Connaissant que ce monde de choses mobiles et immobiles, qui semble distinct et séparé de toi, est toi-même; pense que tu es Cela, et toi et lui.

« Avec l'aide de ce qui est au-dessus de la roue des renaissances, surmonte toutes mutations, et pense à la béatitude définitive du Savoir. »

On ne peut atteindre ces états subjectifs que par l'extase (*Samâdhi*); l'entraînement pratique qui la rend normale et possible est la *Radj-Yoga* (l'union royale). Elle consiste à faire rentrer le corps physique dans le fluidique, puis ce dernier dans le corps causal; ensuite il faut créer l'unité du moi, et le plonger dans le Moi suprême ou soi; c'est l'état dans lequel on expérimente l'identité de l'individu et de l'absolu.

En d'autres termes, si on considère le moi comme étant seulement le témoin des actes, des paroles, et des désirs, le corps physique disparaît peu à peu; si on détruit complètement les tendances de la personnalité, les désirs personnels, le corps fluidique s'évanouit, et le moi connaît la béatitude; si, enfin, on identifie le moi et l'Absolu, le corps de l'ignorance primordiale (*Moulagneyam*), ou corps causal, est détruit; par suite le fil des réincarnations est brisé.

L'extase (*Samadhi*) est l'état dans lequel l'âme individuelle s'immerge dans l'âme universelle; la distinction de la vue, du voyant et de l'objet vu (*thripouti*) a disparu; la béatitude et l'énergie pure en sont les caractères. Le mental est alors immobile, car il n'y a plus ni contemplateur, ni contemplation, ni objet à contempler; le moi, l'intelligence et la volonté s'évanouissent. Quand les passions sont complètement éteintes, il n'y a plus d'entendement (*Manas*); les cinq sens s'oblitèrent alors, et rentrent dans ce *Manas*, et la volonté demeure fixe et nue; cet état s'appelle *Manunmani*. L'âme suprême et l'entendement sont ainsi comme le sel dans l'eau; comme l'air contenu dans un vase se mêle à l'atmosphère quand le vase se brise, ainsi le moi se confond dans le soi, quand la personnalité disparaît.

En abandonnant l'orgueil, le courant des énergies du mental qui s'est élevé jusqu'à Brahma, devient, par la méditation, *Sampradjnyata Samadhi*

La pensée dont les mouvements sont arrêtés et qui produit la béatitude est l'*Asampradjnyata Samadhi.*

L'état d'une personne plongée dans la connaissance divine et qui est parfaitement indifférente aux objets extérieurs, est le *Nirvikalpa Samadhi* (Extase sans désirs).

L'art de parvenir à ces fins s'appelle union (*Yoga*); il est divisé en deux branches; la première (*Hatha Yoga*) s'occupe des entraînements physiologiques, et la seconde des entraînements mentaux (*Radja Yoga*); on ne peut pratiquer l'une sans l'autre. Pour mieux fixer la pensée vacillante, on s'étudie à régler les mouvements des poumons et ceux du fluide nerveux du grand sympathique; on se sert aussi de formules algébriques, ou incantations (*mantrams*). En voici des exemples. « Tu es cela » (*Tattvam asi*) : *Tu*, c'est l'âme individuelle; *cela*, c'est l'âme suprême. Les mots *Rama*, *Soham*, *Rama-ya-namah* peuvent recevoir la même interprétation. « Je suis Brahma » (*Aham Brahmasmi*) détruit la cause d'une nouvelle incarnation, la notion de séparativité, les péchés, et procure le savoir.

Les instructions pratiques pour la *Yoga*, sont nombreuses mais incomplètes. Cette méthode ne convient pas aux individus de la race blanche; et de plus, elle présente des dangers physiques, astraux et spirituels; beaucoup d'hindous commencent ces entraînements; pas un sur mille n'arrive au bout. C'est pourquoi nous n'en parlons qu'à titre documentaire.

Il y a trois sortes de délivrés (*Muktis*) :

1° Le *Djivanmoukti*, qui se reconnaît hors caste, sans liens; qui croit être l'incarnation de la trinité Etre-Savoir-Béatitude (*Satchidananda*) qui possède toute connaissance occulte (*aparoksha gnyana*) et qui n'est plus lié par le Destin (*Karma*); il vit dans le monde sans lui appartenir; et quand son corps physique actuel meurt, il ne renaît plus.

2° Le *Videhamoukti*, qui peut encore renaître, mais les effets du destin (*Karma*) étant tous détruits, les corps ne peuvent plus se tenir, et se dissolvent d'eux-mêmes.

3° Le *Nityamoukti*, qui est à jamais délivré du lien des renaissances, source de toutes douleurs.

Les qualités du Délivré sont : l'amitié (*Mitri*), la compassion ou sympathie (*Karouna*), le contentement (*Moudita*) de voir faire le bien; l'indifférence envers les mauvais (*oupeksha*).

Il possède cinq facultés :

1° La pureté de sa volonté s'affirme par la destruction de l'entendement (*Manas*) et des tendances (*Vasana*) : c'est *Gnyanaraksha*.

2° La méditation (*Tapas*) en maintenant l'harmonie entre les sens et l'entendement.

3° La révérence et le respect (*Sarvasampadana*) que tout le monde lui doit.

4° La libération des soucis du moi (*Doukhasankhsaya*).

5° La conquête du bonheur (*Soukhavirbhava*) en surmontant les obstacles par la pratique et la persévérance.

Les signes qu'il possède la Sagesse (*Gnyana*) sont : l'absence de haine (*Akkrodha*), la santé (*Arogya*), la maîtrise des passions (*Djitendryatwam*), la bonté (*Daya*), la patience (*Kshama*), la popularité (*Djanapryathwa*), la largesse (*Alobha*), la générosité (*Dathroutwa*), le courage (*Abhaya*), la pureté (*Nairmalya*).

Il peut faire du bien :

1° à son disciple (*Sishya*), qui, s'il l'aime, peut atteindre aussi le salut.

2° à celui qui le vénère (*Bhakta*) par la même raison.

3° à l'indifférent (*Oudasina*) sur lequel agit la contagion de l'exemple.

4° au pécheur (*Pathàka*) qu'il débarrasse de ses péchés.

SANKHYA ET RADJA YOGAS

Les six systèmes philosophiques hindous prétendent chacun mener leur disciple à une délivrance.

1° Le *Vaïseshika* est une philosophie de la physique des atomes; la délivrance consiste pour l'homme à discerner dans les formes matérielles les différentes classes d'atomes.

2° Le *Nyâya* est une logique, enseignant que la connaissance s'obtient par le témoignage des sens, par la déduction ou par le témoignage des autres. L'homme se libère dès lors en se débarrassant de l'erreur par un raisonnement logique et juste.

3° Le *Mimâmsâ* ou *Pourva Mimâmsâ* est la philosophie du *Karma* védique, c'est-à-dire de l'action religieuse: cérémonies, rites, sacrifices : nous avons vu quelle pratique il enseigne, en traitant de la *Karma Yoga*.

4° Le *Sankhya* s'occupe en outre de l'Esprit; il enseigne qu'il y a une multitude de *Pouroushas;* ce sont les mois humains, témoins subjectifs des fonctions de la Matière qui seule produit les sens, la raison et l'intelligence. Ces *Pouroushas* évoluent.

5° La *Yoga de Patandjali* ajoute à la précédente théorie la notion d'un Esprit suprême et unique, *Issouara*, le Seigneur, ou *Aum* : elle élève l'homme jusqu'à ce Dieu de notre univers par l'effort de l'intelligence : son *Pourousha* n'est donc pas l'Absolu.

6° Enfin, la *Vedantà* enseigne un Créateur universel, appelé *Vishnou* (Ecole *douaïta*), *Brahman Sagouna* (école *visishtadouaïta*) ou *Atma* (école *adouaïta*); elle s'applique à la recherche de *Brahman*, de l'Absolu, et identifie l'Ame humaine et l'Ame universelle, comme on l'a pu voir au chapitre précédent.

Analysons d'un peu plus près la *Yoga* de Patandjali.

L'entraînement technique de ce système consiste à empêcher la matière mentale (*Tchit*) de prendre des formes variées (*Vritthis* = tourbillons). Ainsi, je regarde, un objet : sont alors en jeu l'œil, le centre optique cérébral, et le mental (*Manas*); celui-ci reçoit la sensation et la présente à la faculté déterminative (*Bouddhi*) qui, réagissant, produit la notion de moi-non-moi (*Ahankara*). Ainsi l'univers extérieur nous fournit indéfiniment des occasions de dire : Je, ou Moi; et il ne nous les fournit que si nous faisons attention à lui; car, une distraction empêche une sensation; donc l'univers n'existe que dans notre mental. Gouvernant celui-ci nous gouvernerons celui-là.

Pour atteindre ce résultat, il faut pouvoir maîtriser les tourbillons mentaux (*Vrittis*) : avec une volonté invincible, se détourner de l'univers formoi, et abandonner même la position psychique de celui qui se détourne. Alors on obtient la connaissance directe; on est en *Samâdhi* (extase).

Voici les catégories de l'extase d'après Patandjali; on remarquera qu'elles diffèrent des catégories du *Vedanta*.

Samâdhi | I. *Sampradjnata* : comprend tous les pouvoirs qui maîtrisent la Nature.

Savitarka — Quand le mental médite sur un objet en l'isolant des autres.
Il y a 2 classes d'objets : les 24 éléments : *Tattvas*, et le *Pourousha*.
Quand le mental contemple le commencement et la fin des objets qui est l'*Avyaktam*, état où la force et la matière sont un. Au-dessus est le *Pourousha*, l'essence de l'intelligence.
Dédaigner les pouvoirs occultes.
Le Samadhi est celui où l'on questionne (*tarka*) les éléments grossiers.

Nirvitarka — Sans question.
Méditation sur les éléments (*Tanmatras*), en dehors du temps et de l'espace.

Savitchâra — avec distinction.
Méditation sur les *Tanmatras* dans le temps et l'espace.

Nirvitchâra — Sans distinction.
Même méditation au-dessus du temps et de l'espace.

Sânandam — Les éléments sont abandonnés.
Méditation sur l'organe pensant.

Samâdhi	*Asmitâ*	Quand le seul objet est le mental lui-même, que *Sattva* règne seule, différenciée de tous les objets, on est sans corps matériel. Ceux qui alors se mêlent à la Nature, sans atteindre le but, sont des *Prakritilayas* (centres de vide). Les autres arrivent au :
	II. *Asamprajnata*	« Il est atteint par la pratique constante de la cessation de toute activité mentale; *Chitta* retient alors seulement des impressions non-manifestées. » Cet état donne la délivrance. Sa méthode est d'objectiver le mental, et lorsque vient une pensée, de l'écarter aussitôt de telle sorte que le mental soit entièrement vide. S'il peut réellement accomplir cela, au moment même on est délivré. Mais lorsque l'on tente cela sans entraînement, on ne réussit qu'à se couvrir de *Tamas* (obscurité). Quand *le Samadhi* est conscient, c'est-à-dire lorsqu'il ne consiste qu'à maîtriser les vagues mentales, ces vagues demeurent à l'état de tendances, comme des germes qui lèveront plus tard. Mais si l'on détruit ces germes, si l'on détruit le mental, l'arbre de la vie meurt. En abandonnant tous les pouvoirs, on obtient l'omnipotence; en abandonnant toute vie, on devient immortel : Il n'y a plus de Dieu.

Patandjali poursuit son enseignement en donnant des recettes pour le contrôle des tourbillons mentaux : la concentration méditative sur un point du corps, sur le *Pourousha* suprême, sur un Yogi parfait, sur une parole entendue : tout cela est du *Savitarka Samadhi.*

Voici ce qu'est *Nirvitarka Samadhi.* J'entends un mot; il se produit une vague sur la matière mentale; le son cesse, la vague disparaît; mais il reste la réaction et la conscience de son passé. En méditant sur ces trois phénomènes synchroniques, en les isolant, la mémoire est maîtrisée : c'est le *Samadhi Nirvitarka.* Ensuite on fait de même pour les objets intellectuels; ainsi on réduit tous les tourbillons mentaux à un seul; puis on dissout ce dernier, et l'âme (*Pourousha*) est enfin perçue (*Asmita Samâdhi*).

Pour en arriver là, Patandjali ordonne les œuvres cultuelles, cinq purifications, la récitation des *Mantrams*, les postures (*Asânas*) qui rendent insensibles au chaud et au froid, à la faim, à la soif, au sommeil ou à la veille, etc., la maîtrise de la respiration qui équilibre le dynamisme vital.

Ensuite on apprend à tenir le mental concentré sur *un* objet extérieur, *un* endroit du corps. (Ceci se nomme *Dharanâ*); quand cette concentration dure, c'est la méditation (*Dhyâna*). Quand la forme de l'objet s'est évanouie, et que son idée reste seule dans le mental, c'est le plus inférieur des *Samâdhis* (Extases).

En pratiquant ces trois actes attentifs sur les formes corporelles, sur l'éléphant, sur le soleil, sur l'ombilic, etc., etc., le *Yogi* peut acquérir respectivement la connaissance des formes mentales, la force de l'éléphant, la connaissance des planètes, celle de la physiologie, etc., etc.

La *Radjà Yoga*, ou la méthode d'union déduite de la philosophie *Védanta*, a comme grand protagoniste, Sankaratcharya. On en a vu les linéaments théoriques au chapitre précédent.

Sa technie comprend à peu près les mêmes divisions que le système de Patandjali : dix observances, dix purifications, les postures, la maîtrise du souffle, la maîtrise des sens (*Protyahara*), la concentration, la contemplation et l'extase.

La maîtrise des sens consiste à les abstraire du monde extérieur, à les faire rentrer dans le mental et à les y dissoudre en fixant ce mental sur Atma.

La concentration, c'est la méditation sur les essences subtiles, externes et internes. C'est un développement des sens astraux.

La contemplation (*Dhyàna*), c'est reconnaître que le disciple est un avec l'âme universelle, et que celle-ci luit en toute créature; par suite il est en toute créature.

L'Extase (*Samâdhi*) est le mental fixé par Brahman, son unité que les binaires ne peuvent plus troubler, sa pureté et son impassibilité constantes.

Tout ceci se trouve développé dans les traités spéciaux avec forces détails physiologiques, sur les points du corps qui doivent subir les concentrations, sur les couleurs et les sons hyperphysiques à percevoir : pratiquement, aucun de ces renseignements écrits n'est utilisable; pour convaincre les lecteurs, voici des extraits de manuels techniques.

La RÉTENTION DU SOUFFLE exercée avec l'aide de l'inspiration et de l'expiration (= *Sahita Khumbaka*) donne lieu à l'*introvision interne* (= *Antarlakshya*). Bouchant les deux oreilles avec les index, un bourdonnement est entendu; on fixe le mental sur ce bruit, une lumière bleue est aperçue entre les deux yeux et dans le cœur. Ce spectacle est appelé *Djalo-Djyotis*, l'Eau lumineuse; sa plus haute phase se passe dans la glande pinéale; la vision est alors Brahm lui-même dans le Paramakasa. (*Mandala Brahmana Up.* I, 4).

D'après le *Vedantavartikam*,

cette introvision comprend trois sortes principales :

1. On voit d'abord une lumière comme un éclair passant de Muladharam à Brahmarandhram. Etroitement observée, cette lumière remremplit peu à peu l'espace, vous recouvre, vous fait oublier tout, et devient une masse indéfinie. Le triomphe sur elle est la seule preuve pratique de l'oublier et de reconnaître Brahma Adwaya.

2. Ce qui apparaît comme la lumière ☽ se précipitant de Muladharam à Brahmarandhram ; suivie soigneusement elle conduit à la connaissance d'Awaya Brahma.

3. Ce qui met en état de voir entre les sourcils ∘°∘ le disque de feu, contenant le disque du ☉ , contenant le disque de la ☽ , contenant une flamme brillante; pendant que chaque conception efface le souvenir de celle qui l'a précédée

Cette *rétention du souffle* peut s'accomplir sans ces deux (*Kevala Khumbaka*); cette dernière rend maître des trois mondes, éveille *Kundalini*, donne la clairvoyance, la clairaudience, la santé absolue, la maîtrise du sperme, l'activité du feu gastrique.

Pour l'accomplir il faut concentrer l'intelligence sur un objet interne, les yeux ouverts, les paupières immobiles (= *Vaishnavimudra*) (1).

Le souffle et l'intelligence absorbés, la conscience physique annihilée, les yeux ouverts (= *Ketcharimudra*) c'est la base du siège de Vishnou (2). Elle est appelée *introvision externe;* le yogi voit devant son nez à une distance de 4, 6, 8, 10 et 12 doigts, l'Akasa bleu, indigo, rouge, jaune et orange-rouge (3). Il faut rendre fixes les éclairs qui passent dans le coin des yeux; l'état du « nectar » est atteint (4).

Selon le Vedanta (5), cette INTROVISION EXTERNE (*Bahirlaksyam*) consiste en ceci :

A deux pouces du nez est *Akas Tattwa* bleu.

A quatre pouces du nez est *Vaya Tattwa* brun.

A six pouces du nez est *Taidjas Tattwa* rouge.

A dix pouces du nez est *Apas Tattwa* vert.

---

(1) Tenu secret par les *Tantriks*.

(2) Cf. *Chandilly Up.*, ch. I.

(3) C'est *Djiothi* (lumière spirituelle).

(4) Cf. *Mandala Brahmana, Up.*

(5) In *Vedantavartikam.*

A douze pouces du nez est *Prithivi Tattwa* jaune.

Après la contemplation profonde sur chacune de ces essences, successivement, jaillit l'éclair du 6e *Tattwa*, de *Chitakasam*, qui enveloppe l'observateur, comme chaque chose l'est par son *Chidkala.*

Le ferme contemplateur de ce *Chidkala* ne voit rien qu'une masse de lumière qui est *Adwaya Brahma.*

INTROVISION CENTRALE (= *Madhya Lakshya*)

Les yeux mi-clos, fixés sur le nez, l'intellect ferme, on s'absorbe dans la lumière du ☉ de la ☽ et du feu, dans l'Espace (1); le *yogi* « devient conscient de cette chose qui est de la forme de la lumière, libre de toute chose externe, resplendissante, vérité suprême, et qui est partout » (2).

Le yogi devient donc de la nature de cette lumière, puis successivement de celle des cinq *Akasas* (3) : Akas, Parakas Mahakas, Souryakas, Paramakas (*Mandala Brahmana Up.*, IV) (4).

---

(1) Cette lumière est celle de *Sushumna*, de la Nature-Essence. Cf. *Mandala Brahmana Upanish.*

(2) *Chandilly Up*, ch. I. -

(3) *Mandala Brahmana Up.*

(4) D'après le *Vedantavartikam :* Oubliant les procès des 2 introvisions précédentes, unifiant le *Chittam* dé-

Lorsque la connaissance des cinq akasas est obtenue, le premier entraînement qui vient ensuite s'appelle *Taraka Yoga* qui dure jusqu'à l'extinction des sens. Il peut être formel, ou informe (qui a lieu par l'intermédiare du 3e œil), il est aidé par le mental et la vision interne (1).

De l'état de *Khetcharimoudra* (indiqué à l'introvision externe) si le yogi, plonge le son dans la Lumière, il tombe dans le sommeil et le mental se détruit; le temps n'existe plus; l'intelligence est placée dans le milieu des six roues, elle se regarde elle-même; elle place Akas dans le milieu d'Atma et Atma dans le milieu d'Akas. La conscience et l'objet connu sont conformes tous deux : en donnant connaissance complète des objets, l'intelligence est absorbée (en eux) : tel est l'isolement (*Kaivallya*) (2).

L'introvision interne est la source des cinq éléments, elle a quatre sièges émanés de Brahm. En son milieu resplendit la vérité. Elle est objet et sujet. Le monde entier est absorbé en son centre.

Au-dessus est la sphère du soleil, au milieu de celle de la lune, au milieu la lumière de

---

sireur et le *Buddhi* délibérant, renonçant à l'action des sens externes et internes, se tenir ferme à la lumière infinie (*Djyotirmahakasam*) dont l'éclair jaillit dans le *Tchittam*, s'élever au-dessus du monde perceptible, et rester sans connaître autre chose que la lumière une qui est *Adwaya Brahma*.

(1) *Mandala Brahmana Up.*, II, 1.

(2) *Chandilly Up.*, I, 3.

Brahm, que l'on atteint par *Sambavimudra* ou *Khechari M.*

Par ce geste on est amené, les yeux fermés, à la lumière de la lune nouvelle, — les yeux mi-clos, à celle du dernier jour de la lune descendante; — les yeux ouverts fixés sur le bout du nez, à la lumière de la pleine lune. Alors à 12 doigts au-dessus de la racine du palais (gl. pinéale) on aperçoit des ténèbres, où enfin se détache une sphère de lumière illimitée, ceci est Brahm.

Voici les degrés de cet affermissement du mental: il est vu successivement une étoile, un diamant, la lune pleine, la splendeur des 9 gemmes, la sphère du soleil de midi, enfin celle d'Agni (1).

Alors nous entrons dans une autre phase par la contemplation et le contrôle sur les 6 roues.

L'Extase (*Samadhi*) demande 12 contemplations soit 553.536 rétentions (12 jours).

C'est le dégagement de Paramatma, l'état où le mental est aboli (Unmani, Amanaska), l'union du microcosme et du macrocosme, l'absorption du connaisseur, du connu et de la faculté de connaître.

---

(1) *Mandala Brahmana Up*, II, 1.

Il s'obtient d'une façon générale par l'unification de *Prana* et d'*Apana* et la suppression de la respiration; alors la Grande Déesse qui dormait en fermant avec sa tête la porte de la Délivrance, réveillée par le contact du Feu, du Mental et de la Vie, devient comme une aiguille et perce par le *Nadi* central (*Dhyana Bindou Up.*)

La Vie et le Feu se résorbent, tous deux, puis le mental entre charrié par la Vie, en Soushomnna, et ils arrivent tous trois à la glande pinéale.

Destruction du mental ou Amanaska-Yoga. — Les deux voies pour la destruction du mental sont l'*Union*, ou répression des modifications de la pensée, et la *Gnose* ou pénétration parfaite de la pensée. Quand les modifications de l'intelligence sont réprimées, celle-ci obtient la paix, alors le cycle des renaissances prend fin (*Chandilly Up.*, ch. I.)

Cet état s'appelle sans mental, *Unmani*.

— Par l'entraînement qui vient d'être décrit,le Yogi, voit la lumière venant de l'Ouest; puis celle du cristal, de la fumée, de Nada, Bindu, Kala, des Etoiles, des lucioles, de la lampe, de l'œil d'or, des 9 gemmes. Ceci est la forme d'Om.

Il réunit le Prana et l'Apana, il retient le souffle, il se concentre sur l'extrémité de son nez, il écoute le son interne de la façon ci indiquée, il entend le son de *Om* en qui le mental se détruit ainsi que la pensée.

Tous les rites cultuels sont alors transposés au sens spirituel.

Samadhi est alors proche; les excrétions du Yogi sont diminuées, sa nourriture presque nulle, son corps est robuste, et il ne connaît ni la faim ni le sommeil; son souffle et son regard immobiles, il réalise Brahm; il peut aller nu; ceux qui le voient sont purifiés, ainsi que ses parents pendant 101 générations (*Mandala Brahmana Up*).

CONCLUSIONS

En somme, le modus operandi de tous les systèmes de Yoga consiste à mener à la conscience les forces du corps astral, ordinairement endormies. Selon le point de vue philosophique où est parvenu le disciple, ces forces éveillées le rendent conscient de tel ou tel principe cosmique; et lorsqu'il parvient à s'incorporer à ce principe, ou à se l'assimiler, il se trouve « délivré » de l'empire de toutes les forces qui lui sont inférieures.

Cet éveil s'opère en mettant en relation les sept centres astro-magnétiques appelés Roues (*Tchakrams*) ou lotus, au moyen de la grande vibration serpentaire (*Koundalini*). Cette force est très intense; mal dirigée elle peut entraîner la phtisie, la consomption, le délire érotique, la paralysie, la folie ou la mort. Enfin, on la trouve parfois active chez des individus dont le niveau moral est très bas. Voilà pourquoi toutes les recettes écrites de *Yoga* sont tronquées. Elle ne peuvent donner aucun résultat.

Les tourbillons d'électricité vitale une fois éveillés réactionnent des centres du corps astral qui leur correspondent respectivement et, par là, le disciple prend conscience de telles ou telles régions du monde astral.

Mais l'éveil du Serpent fluidique humain a encore l'effet d'intensifier toutes les forces vitales, dans le mal comme dans le bien; c'est aussi une arme à double tranchant. Ainsi donc toutes ces connaissances techniques sont ou inutiles ou dangereuses, d'autant qu'elles n'émeuvent pas le centre éternel de notre être; l'action de ces entraînements ne dure que pendant une incarnation.

D'autre part, quelque magnifique qu'apparaisse le programme d'ascèse élaboré par les vieux sages hindous, il faut noter qu'il part, en somme, d'une dénégation de la vie, puisqu'il est posé en principe que la réalité objective de l'Univers n'est que le produit de l'illusion du Moi. Que tout s'évanouisse dans le vide primordial, voilà, selon le Bouddha, la délivrance; « l'individualité n'existe pas, dit-il, et la non-individualité n'existe pas non plus. » Or, le Christ a dit : « Je suis la Vie », et : « le royaume de mon Père est la Vie éternelle. » A nous, de choisir.

Le but de ces méthodes orientales est d'échapper à la souffrance et à la chaîne des réincarnations : cette façon de voir oublie que la lutte du mal et du bien ne cessera qu'avec le monde; on ne paie pas une dette en la niant, mais en l'acceptant. Que l'on parvienne aujourd'hui à devenir saint, qu'est-ce qui prouve que la semaine prochaîne, on ne va pas succomber à une attaque plus subtile ou plus enfantine? Donc, attendre d'avoir conquis la perfection pour se dévouer au service des autres, risque fort d'être un leurre. Et, de plus, ces entraînements, qui sont des holocaustes, se résument en une sorte de retour en arrière des forces vitales, de ligature de leur spontanéité, de vampirisme fluidique, mental ou spirituel qui, bien loin de délivrer, forge une nouvelle chaîne, plus rigide parce qu'elle est plus subtile.

De plus, de quel droit imposer aux interéchanges de matières et de fluides dont notre corps est le théâtre, un règlement *à priori?* Connaissons-nous ce dont nous sommes construits? Savons-nous pourquoi nous mangeons aujourd'hui tel morceau de pain, pourquoi une idée nous vient inopinément, pourquoi telles velléités se lèvent soudain dans nos cœurs? Savons-nous si, en réfrénant l'une ou l'autre, nous n'empêchons point une évolution importante?

Un homme, si évolué soit-il, eût-il la science totale, parce qu'il est homme, c'est-à-dire un être fabriqué avec de la matière, il ne peut s'assimiler entièrement l'Esprit, ou la Vérité. Ces entraînements anciens qui éduquent au dehors au dedans, de l'extérieur à l'intérieur, comment sera-t-on certain qu'ils auront été suivis sans erreur, puisque la Nature nous a construits à l'inverse, du dehors au dedans et de l'intérieur à l'extérieur? Et de quel droit agir sur l'esprit des choses, des fluides et des formes invisibles, sans en connaître au préalable toutes les correspondances?

Car il n'est pas exact que l'Absolu, le Soi éternel, la vie éternelle réside dans les pierres, les animaux et les créatures autres que l'homme = ces fusions dans l'âme de la Nature que préconisent les stages intermédiaires des *Yogas* aboutissent souvent à une désorbitation de telle de ces planètes intérieures qui révoluent autour du Soleil central de l'individualité humaine. Et quel est le héros qui, ayant entrepris de réaliser totalement l'idéal moral qu'indiquent, en termes magnifiques d'ailleurs, les purifications préliminaires de la *Yoga*, trouvera, dans son existence, du temps de reste pour les travaux techniques et occultes des anachorètes hindous?

De tous temps, sont venues sur la terre des âmes volontairement descendues du ciel pour aider leurs frères arriérés. Ces âmes exercèrent sur notre plan les privilèges attachés à leur état glorieux. Quand les hommes les virent donner des preuves de leur puissance, au lieu de les suivre dans l'humilité et dans la patience, ils voulurent les égaler rapidement. Ils cherchèrent pendant tant de siècles, avec tant d'efforts, avec tant de volonté, qu'ils trouvèrent la magie, les arts occultes et les pactes conclus avec les soldats de l'Adversaire. Ce qui précède indique quelques-uns des procédés par lesquels les serviteurs intellectuels du Prince de ce Monde essaient de lui conquérir d'autres collaborateurs.

Le Ciel nous a mis, nous tous, dans un lieu spécial qui est le Monde tel que nous en avons conscience : chercher à avoir conscience d'autre chose c'est manquer d'amour et d'humilité, c'est donner à cette cupidité, à cet orgueil, causes premières de la dégradation que nous prétendons follement réparer par nous-mêmes, un nouvel aliment. Par suite, vouloir gouverner ce qui n'est pas donné à notre volonté, seraient-ce même des choses aussi simples que le mouvement des poumons, la faim, le sommeil ou la vieillesse c'est empiéter sur le domaine d'autres êtres. Si notre cœur bat sans que nous nous en occupions, c'est que les molécules qui le composent ont travaillé assez pour avoir conquis leur liberté. N'est-il pas écrit dans le Trésor de lumière que, si nous faisons la volonté du Père, toutes choses nous seront données par surcroît? Quand je retiens en moi plus d'air et d'électricité que de coutume, de quel droit priverais-je un autre être de se nourrir? Les créations sont perpétuelles, mais une création est limitée comme nous-mêmes sommes limités. Et si notre pensée croit être libre, c'est une illusion; elle n'a qu'un peu de liberté, et ce peu ne s'accroît que par l'obéissance et le travail; sur le plan matériel.

Ces renseignements succincts contenus dans ce modeste essai tout rudimentaires qu'ils soient, peuvent aider à la connaissance de soi-même; malgré qu'on ne suive pas le chemin de la *Yoga* orientale; bien qu'on ne partage pas les idées d'abstraction, d'indifférence impassible, de dédain de la vie de ces subtils observateurs, on peut recenser leurs découvertes et en faire son profit. En tous cas, la hardiesse de leurs déductions, leur largeur de vues, leur précision expérimentale sont des exemples à suivre dans les études psychiques, et il serait à souhaiter que beaucoup d'étudiants travaillent nos textes et s'informent de la Lumière toujours vivante, en empruntant leurs méthodes d'investigations aux Orientaux.

TABLE DES MATIERES

Extrait du Catalogue des ouvrages qui sont en vente à la **Librairie Générale des Sciences Occultes**, *11, Quai St-Michel, Paris (Ve).*

CORNEILLE-AGRIPPA (H.).

La Philosophie Occulte ou la Magie. *Première traduction française complète.* Précédée d'une étude sur la vie et l'œuvre de l'auteur et orné de son portrait. 2 beaux volumes in-8° carré, avec figures et tableaux. Prix 15 fr.

L'œuvre de H. Corneille-Agrippa constitue la PREMIÈRE ENCYCLOPÉDIE réelle de l'occultisme et l'un des monuments les plus solides qui aient été élevés à la gloire des traditions ésotériques du XVIe siècle.

Cette traduction est bien l'*unique et la seule* exacte parue à ce jour. Celle attribuée à Levasseur et publiée à la Haye, en 1727, est inexacte, incohérente et incomplète.

Notre traduction, admirable travail dû à un occultiste particulièrement compétent en ces études, REPRODUIT INTÉGRALEMENT L'ÉDITION ORIGINALE DE 1533, la meilleure édition latine, la première et définitive, faite sous la surveillance de l'auteur lui-même.

La partie hébraïque a été particulièrement soignée, et les tableaux et figures kabbalistiques ont été composées fidèlement d'après l'édition originale.

Cette édition est digne de figurer parmi les œuvres les plus recherchées non seulement par les Occultistes, mais aussi par tous les Bibliophiles.

ORSIER (J.), *Docteur en droit.*

Henri Cornelis Agrippa, sa vie et son œuvre d'après sa correspondance (1486-1535). Beau volume in-8° raisin. Prix : 4 francs.

La Philosophie Occulte est le classique le plus célèbre des sciences occultes. Son auteur, dont la vie pleine d'aventures a donné lieu à tant de fausses légendes, méritait d'être apprécié avec impartialité. Aussi un érudit connu pour ses travaux a-t-il pris à cœur de faire cette étude, pour laquelle il a fouillé des documents de première main ; il a rempli sa tâche avec un tel tact et dans un style si attrayant que tous ceux qui s'intéressent à ces études voudront connaître ce nouveau volume.

ROCHAS (Albert de)

Les vies successives (*Documents pour l'étude de cette question*). Beau volume in-8° carré, avec figures. Prix 6 francs.

L'immortalité de l'âme a été de tout temps le sujet des méditations des philosophes et la plupart des religions l'ont affirmée en invoquant l'existence d'un paradis et d'un enfer : mais la question des vies successives ne s'est posée qu'à l'esprit de ceux qui, ne se contentant pas d'une foi aveugle et simpliste, ont cherché quelles seraient les conditions les plus équitables pour récompenser ou pour punir, *pendant l'éternité*, les bonnes ou les mauvaises actions commises pendant le temps infiniment court qu'est la vie terrestre. Nous avons dans la *première partie* de ce livre reproduit quelques-uns des raisonnements qui nous ont paru les plus typiques ainsi que le résumé de certaines croyances antiques.

Aux raisonnements précédents sont venus s'ajouter de nos jours, des expériences et des observations qui, sans résoudre définitivement le problème, apportent cependant des éléments d'informations d'une grande importance. Nous les avons exposés dans la 2e et 3e partie. La *deuxième* est consacrée à la description détaillée d'expériences, en apparence très probantes, mais qui ne sont en réalité que des documents à l'état brut ; ce sera à l'avenir de discerner la part de vérité qu'elles contiennent. Cette opération sera sans doute facilitée par l'étude des phénomènes analogues mais moins caractéristiques qui font l'objet de la *troisième partie*.

Dans la *quatrième partie*, enfin, nous avons cherché à porter, quelque lumière de ces manifestations où le vrai et le faux semblent se confondre. Si nous n'avons pas encore su reconnaître les lois qui régissent des régions qu'on commence à peine à explorer, cela ne les empêche pas plus d'exister que l'incohérence apparente du mouvement des planètes ne les empêchait d'obéir aux lois de Kepler avant qu'elles fussent formulées. Il s'est écoulé des siècles avant que l'homme se doutât des forces qu'il avait sous la main dans la vapeur et l'électricité. Comment nous étonnerions-nous de ne point savoir encore nous servir d'une façon sûre des forces psychiques d'un moment infiniment plus délicat parce qu'elles sont vivantes?

THEMANLYS (L.-M.).

MIROIR PHILOSOPHIQUE. 1re série, broch. in-16. Prix : 1 franc.

En une brochure ou, sous des apparences philosophiques, se cachent, se révèlent et se résolvent de grands problèmes occultes, ce miroir profond reflète les complexes conflits de l'être, et ouvre aux âmes éprises d'idéal et de réalité les perspectives illimitées du devenir humain.

SEDIR

LE FAKIRISME INDOU ET LES YOGAS. *Thaumaturgie populaire; constitution de l'homme invisible selon le brahmanisme ; la force magnétique et la force mentale ; entraînements occultes ; leurs buts et leurs dangers.* Beau vol. in-8°, carré, 2e édition, considérablement augmentée. Prix : 2 fr. 50. ?

M. Sédir, dans cet instructif et original ouvrage, après avoir clairement exposé les doctrines subtiles de la psychologie indou, en fait pour la première fois, la critique, selon le point de vue évangélique. Le succès de la seconde édition, ou l'auteur étend son examen jusqu'au sommet du mysticisme indou, dépassera certainement celui de la première.

GRILLOT DE GIVRY

LE CHRIST ET LA PATRIE, vol. in-16. Prix : 3 fr. 50.

Le catholicisme qui, pendant dix-huit siècles a dominé la civilisation occidentale, n'a pu être investi d'une telle mission sans cacher en son sein des mystères d'une portée occulte considérable. L'Eglise fut en effet dans le principe une société secrète ayant ses initiations rigoureuses, mais ce qu'on y enseignait est actuellement ignoré des catholiques eux-mêmes qui en ont perdu la tradition, ou jalousement caché par quelques-uns auxquels il est enjoint de ne pas parler.

Un laborieux érudit, M. Grillot de Givry auquel, par son affiliation pratique à l'église, tous les textes liturgiques et doctrinaux sont familiers, est parvenu à reconstituer entièrement l'enseignement secret du catholicisme primitif.

Après avoir défini dans « LOURDES » la signification ésotérique du dogme de la Vierge Mère de Dieu et rappelle dans « LE GRAND ŒUVRE » que le Christ est l'expression du but de l'alchimie, il se propose de donner dans « PARAY-LE-MONIAL » la synthèse complète de ce que fut Jésus et dans l' « INTRODUCTION A L'ÉTUDE DE LA KABBALE » la révélation intégrale du mystère du verbe apocalyptique.

Le présent ouvrage appartient également à cette série, et la complète. L'auteur y expose le plan secret de politique que poursuit l'Eglise dans les premiers siècles, et qui consistait à grouper tous les peuples dans une formule unitariste en abaissant la puissance des anxiétés nationales; et il n'hésite pas à conseiller en termes véhéments aux chrétiens modernes, le retour à cette tradition qu'il croit essentielle pour la vitalité de l'Eglise.

Catholique convaincu, et bien que tenu au secret comme tous ses corréligionnaires initiés, M. Grillot de Givry a jugé qu'il était opportun de parler. Il ne dissimule pas qu'en révélant ce que l'Eglise a tenu si longtemps caché, il croit fournir aux catholiques le moyen de relever leur religion défaillante.

Si ses lecteurs ne le suivent pas sur ce dernier point, du moins trouveront-ils dans son œuvre un tableau de l'histoire universelle et principalement de l'histoire française qui, par son envergure eût fait envie à un Taine ou à un Edgar-Quinet.

Ce livre a sa place non seulement dans la bibliothèque de tout occultiste fervent mais dans celle de tout catholique et en général de tout penseur auquel les questions de politique d'avenir, de nationalisme, de militarisme et d'évolution sociale ne sont pas indifférentes.

Imp. spéciale P. CHACORNAC, 11, quai St-Michel, Paris

www.ingramcontent.com/pod-product-compliance
Ingram Content Group UK Ltd.
Pitfield, Milton Keynes, MK11 3LW, UK
UKHW021105200726
13857UKWH00003B/1102

9 782012 836037